자기소개서
바이블

단 한 번에 합격하는 자소서 작성 방법

자기소개서 바이블

1,000명 이상의 서류 합격을 이끌어 낸
'합격 자소서 가이드'

고요한 · 강건욱 지음

북카라반
CARAVAN

이야기를 시작하며

2025년, 그야말로 다사다난하게 시작한 해입니다. 여러분은 이 어려운 시기에 취업 준비하느라 수고가 참 많을 것입니다. 취업 준비에 여념이 없는 여러분을 위해 작은 선물을 마련해 보았습니다. 저자들은 오랜 기간 여러분이 취업의 문턱을 넘지 못하고 있는 이유와 원인을 다각도로 조망하고 분석하는 교육 컨설팅 분야에 몸담고 있습니다.

취업을 하기 위해서는 반드시 1차 서류 전형을 통과해야 하는데, 서류 전형에서 자기소개서(이하 자소서)는 전부라고 할 정도로 매우 중요합니다. 이 책은 반드시 합격하는 자소서를 쓸 수 있는 '핵심 비법서'라고 해도 과언이 아닙니다. 저자들은 자타 공인 오랜 기간 학계와 교육 컨설팅 분야에 몸담고 있는 전문가이기 때문입니다.

따라서 여러분이 이 책대로만 따라서 작성한다면 올해는 반드시 자소서에 합격하고, 취업에도 성공하리라 확신합니다. 이 글을 읽는 '취업준비생(이하 취준생)' 친구들 모두 이 책을 통해 합격에 분명히 큰 도움을 받을 것이라 믿습니다.

아무쪼록 미래를 위해 늘 열심히 노력하는 여러분들에게 작은 도움이 될 수 있다면, 교육 분야에 종사하고 있는 사람으로서 더 바랄 것이 없습니다. 그럼, 지금부터 '한 번이라도 읽으면 절대 떨어질 수 없는 자소서 작성법' 이야기를 시작합니다.

오로지 당신의 합격만을 응원합니다! 부디 잘 따라오시길 바랍니다.

강건욱 · 고요한 올림

이야기를 시작하며

차 례

글 잘 쓰는 비법
- 어떻게 하면 글을 잘 쓸 수 있을까?

Part. 2 실전 자소서 활용 사전

대표 그룹 공략법

금융, 물류, 제약회사 공략법

유통·통신 관련 회사 공략법

(Part.3) **공기업 취업의 모든 것**

NCS 자소서 작성

NCS 공공기관 채용의 핵심

공공기관과 공기업 실전 자소서

Part. 1

반드시
합격하는
자소서 쓰기

당신이 자기소개서에서 자꾸만 탈락하는 이유

:

나는 대체 왜 서류에서부터 떨어질까?

자기소개서를 작성하기 전에 꼭 먼저 살펴볼 것이 있다. 바로 서류 전형에서 탈락한 지원자들을 분석하는 일이다. 모든 것이 그러하듯 실수만 줄여도 반은 성공한 것이다. "시작이 반이다"라는 말처럼.

우리는 탈락한 지원자들을 반면교사 삼아서 그들이 어떠한 실수를 했는지, 그들의 장점과 단점은 무엇이었는지를 점검하고 확인해 보면 생각했던 것보다 많은 것을 얻을 수 있다. 따라서 합격할 수밖에 없는 '최고의 자소서'를 작성하는 방법에 대해 설명하기 전에, 먼저 대부분의 지원자가 어려움을 느끼는 패턴부터 자세히 살펴본다.

스펙에만 집중하지 말라니까!

대다수 지원자가 실수에 빠지는 부분은 자신의 경험이나 경쟁력에 집중하고 이를 강조하기보다 스펙에만 신경 쓰는 모습을 보이기 때문이다. 이렇게 말하면 대부분의 지원자는 발끈하면서 "아니, 자소서 자체가 스펙을 알리는 것인데 그것을 하지 말라고?"라며 반문할 것이다.

그러나 우리가 주안점을 두어야 하는 것은 최종적으로 자신이 바라는 기업에 취직하는 것이지 서류 합격이 목표가 아니다. 스펙에 신경 쓰다 보면 다행히 서류에 붙어도 결국 면접에서 떨어진다.

취업을 준비하는 입장에서야 서류가 통과되어야 면접도 볼 수 있다고 생각하기 마련이다. 하지만 정작 중요한 것은 스펙이 최종 합격에 어떻게 얼마만큼 영향을 주는가를 정확히 분석하는 일이다.

이런 말을 들으면 당신도 뜨끔하겠지만, 대부분의 취준생은 필요도 없는 스펙을 준비하느라 돈과 시간을 허비한다. 그것도 한두 달, 길게는 반년 이상을 허비하고 있다. 다시 한 번 강조하지만, 이 책을 읽는 당신을 비롯한 취준생들은 결코 시간을 헛되이 흘려보내서는 안 된다.

실제로 인문계, 이공계 할 것 없이 불합격자들은 합격자들보다 오히려 자격증을 더 많이 보유하고 있는 모습을 보인다. 우리는 보통 합격증이 많을수록 좋을 것이라 막연히 생각하지만 실제로는 전혀 그렇지 않다.

정작 합격자들이 중시하는 것은 자격증이 아니라 '필수'라는 말의 의미를 정확히 이해하고 있는가이다. 합격자들은 '필수' 자격증만을 필요한 만큼만 완벽하게 가지고 있다는 점을 반드시 기억하기 바란다.

이런 점에서 자격증은 많을수록 좋은 것이 아니라, 직무와 연결된 필수 자격증이면 충분하다. 더불어 이것 역시 해당 기업에서 필수라고 지칭한 경우에만 해당한다. 면접은 그야말로 그 사람의 임기응변 등을 캐치하는 부분이 크지, 이미 서류에서 작성한 내용을 확인하는 자리가 아니라는 점도 꼭 기억하길 바란다.

영어 점수가 전부가 아니다

스펙 다음으로 대부분의 불합격자가 많은 시간을 할애하는 것은 '영어 점수' 올리기이다. 대다수의 취준생은 마치 많으면 많을수록 좋다는 '다다익선多多益善'의 자격증처럼 영어 점수는 '고고익선高高益善'이라 말한다.

그러나 이게 웬일일까? 언어 점수가 높을 것이라고 생각하는 인문계는 오히려 불합격자의 영어 점수가 월등히 높은 것이 현실이다. 물론 이공계는 합격자의 영어 점수가 더 높은 경향성을 보였으나, 이공계의 경우 언어 점수가 핵심 요소가 아니므로 더 이상 언급할 필요도 없다.

따라서 대부분 취준생들의 고정관념이라 할 수 있는 두 가지 사실, 하나는 자격증은 많으면 많을수록 좋을 것이라는 편견과 영어 점수는 높아야만 한다는 편견을 하루빨리 버리는 것이 매우 중요하다.

취업은 고시 준비가 아니라니까!

그 다음으로 중요한 것은 취업이 '고시'가 아니라는 점을 하루빨리 깨닫는 것이다. 취준생들은 대체로 익히 기업의 전형 단계인 '자소서 → 직무적성검사 → 면접' 순으로 준비한다. 상황이 이렇다 보니 스펙부터 쌓는 데 6개월, 자소서 합격까지 6개월, 다시 면접에 6개월 식으로 생각하는 경향이 커서 취업 준비 기간이 평균 1년 이상이라는 착각에 빠진다.

그러나 실상은 이와 정반대다. 스펙이 없는데 합격하기도 하고, 영어 점수가 낮은데도 합격한다. 과연 사실일까? 어떻게 된 일일까?

이것은 취업이 실전이기 때문에 가능하다. 취업은 이론이 아닌 실전이기 때문에 단계 단계별로 진행하는 과정이 중요한 것이 아니다. 핵심은 내가 얼마나 현재에 맞추어 준비되었는가이다.

이런 점에서 나는 무엇보다 면접에 포커스를 두고 자기소개서를 준비하라고 조언한다. 매우 특이하다고 생각할 수 있지만 이것이 분명하게 합격하는 비결이다. 즉, 면접에서 말할 경험을 만들고, 그 경험을 그대로 자소서에 녹여내어 제출하면 끝이다.

취준생들은 지금 내가 말한 과정을 꼭 기억해야 한다. 면접 준비가 먼저다. 무턱대고 자소서를 여러 개 만들 생각부터 하면 반드시 시간을 낭비하게 된다. 면접에 주안점을 두고 면접 내용의 경험을 만들고, 다시 그것을 자소서에 작성하는 것임을 잊지 말자.

따라서 "평균 1년 이상 걸려야 취업을 준비하는 것이다"라는 말은 애

초부터 잘못된 통념임을 확실히 인지해야 한다. 내가 말한 과정을 따르면 3개월이면 최종 합격이 가능하다.

더구나 이미 대다수 기업이 수시 채용하는 형태로 전환했기 때문에 취업 준비 기간 역시 우리가 만들 수 있다. 자고로 "준비된 자가 과실을 얻는다"라는 말처럼, 준비된 사람은 즉시 응시해서 합격한다. 1년 넘는 시간 동안 준비에 공을 들인다고 합격하는 것이 아니다. 준비에 대한 고정관념을 버려야 함을 다시 한 번 강조한다.

글만 잘 쓴다고 합격하는 것이 아니다

다음으로는 글만 잘 쓰는 지원자는 합격하기 어렵다는 사실을 빨리 깨달아야 한다는 것이다. 자소서라는 것이 글쓰기의 한 종류다 보니 작문 능력을 높이고자 시간을 할애하는 지원자가 많다. 이 또한 불필요한 작업인데 의외로 많은 지원자들이 작문 능력을 키우는 데 시간을 허비한다.

물론 자소서도 글쓰기의 한 종류니까 글을 잘 쓰면 상대방에게 전달력이 높아지고, 글을 읽는 사람 입장에서야 보다 편안하게 읽히는 것도 사실이다. 그러나 다시 생각해 보면 학창 시절 내내 글과는 담을 쌓다가 갑자기 취업을 앞두고 글짓기를 한다고 없던 실력이 단시간에 생기겠는가?

오랜 기간 독서와 작문 교육이 되어 있지 않은데, 글쓰기를 단시간 내에 연마한다고 해서 그런 글이 잘 읽히거나 좋은 글이 될 수 없다. 조직에서 필요로 하는 글쓰기는 대부분 핵심을 요약하고 정리하는 기술이다. 기업에서는 만연체로 늘여 쓴 글을 좋아하지 않는다.

기업이란 촌각을 다투는 생명체다. 생존을 위해서 시간 싸움을 하는 곳이 기업인데 주절주절 나열된 긴 글을 읽을 시간도, 사람도 없다. 게다가 요즘은 보고서 자체도 없애는 트렌드다.

취준생들은 아직까지도 아무도 원치 않는 글쓰기 능력을 익히는 데 시간을 허비하고 있다. 자소서 역시 기업의 한 장짜리 핵심 요약 보고서처럼 가장 중요한 요소가 담기므로 그를 통해 자신을 잘 드러내야 한다.

자소서 하나를 작성하는 데 하루 이상이 소요된다고 답한 취준생이 40퍼센트가 넘는다는 통계도 있다. 보다 많은 기업에 지원하는 것이 합격률을 높이는 지름길인데, 자소서 하나를 작성하는 데 시간이 이렇게 오래 걸리면 이미 그 방법은 틀렸다고 보아야 한다.

자, 결론은 이렇다. 자소서를 기업의 '비즈니스 문서'라 생각하자. 이 관점에서 바라보아야 합격하는 자소서를 작성할 수 있다. 자소서는 글짓기 대회에 나가는 것이 아니다. 자신의 경험 중 핵심을 확실하게 녹여내면 그만이다. 대단한 기교나 스킬, 수사는 절대 필요치 않다. 정보 중심의 팩트를 전달하는 자소서, 그것이 가장 훌륭한 자소서임을 잊지 말자.

자기소개서 작성이 어려운 이유

:

도대체 자소서는 왜 이리도 어려울까?

자소서의 속성

자소서는 일반적인 글과는 확연히 다르다. 보통 4~5개 문항에 총 5000자 이내로 구성된다. 자소서는 문항과 구성을 지원자가 정할 수 없다는 특징이 있다. 이런 점에서 지원자는 부담을 가질 수밖에 없다.

그렇다고 가벼운 마음으로 쓰기도 어렵다. 왜냐하면 전문가들이 자소서가 서류 전형 합격에 당락을 좌우한다고 으름장을 놓기 때문이다. 그래서 많은 취준생들이 자소서를 시작하기도 전에 겁을 먹고 있다.

여기서 가장 중요한 것은 자소서의 본질, 즉 '자소서의 속성'을 정확히,

제대로 파악하는 것이다. 그래야 자소서를 어떤 방향으로 준비할지를 명확히 설정할 수 있다.

속성 1 　자소서는 해당 직무 준비가 이미 잘 되어 있음을 알리는 글이다

자소서는 기업의 입장에서 어떠한 인재를 바라는지를 지원자 스스로 작성하는 글이다. 즉, 직무에 대해 준비한 인재가 작성하기를 바라는 글이 바로 자소서다.

따라서 자소서를 작성할 때는 반드시 해야 하는 두 가지가 있다. 바로 '왜 나를 채용해야 하는지'를 설명하는 것과 '내가 이 기업에 어떤 기여를 할 수 있는지'를 설명하는 것이다.

이런 점에서 당신이 아래 네 가지 점검 포인트에 따라 자소서를 작성한다면 공감을 얻는 자소서를 작성할 수 있으리라 확신한다.

〈자소서 작성 전후 점검 포인트〉

1) 나를 채용해야 하는 근거 다섯 가지를 충분히 생각했는가?

2) 위에서 생각한 근거 다섯 가지를 자소서에 충분히 반영했는가?

3) 채용되면 그저 열심히 하겠다고 작성하지는 않았는가?

4) 기업에 어떤 기여를 하겠다고 명확히 제시했는가?

속성 2 자소서는 속도와 양이 전부이다

취준생 대부분은 공을 들이느라 하루에 한 개 기업의 자소서도 작성하지 못하는 경우가 태반이다. 그러나 가장 중요한 것은 '속도'다. 자소서에 심혈을 기울인다고, 갖가지 정성을 기울인다고 좋은 자소서가 태어나지 않는다.

물론 내가 당신과 같은 취준생들의 마음을 이해하지 못하는 것은 아니다. 그러나 한시가 바쁜 취준생들은 앞서 말한 대로 여러 기업에 최대한 많이 지원하는 것이 합격률을 높이는 길이다. 하루에 하나밖에 작성하지 못한다면 이는 대단히 심각한 일이다.

거듭 강조한다. 자소서에서 가장 중요한 것은 뭐다? 바로 '속도'다. 보통 상반기는 3월 초~4월 초, 하반기는 8월 말~10월 초에 채용 공고가 몰린다. 따라서 한 달 남짓한 기간에 30~50개 기업에 지원하려면 일정에 대한 전략이 매우 중요하다.

가장 중요한 것은 하나의 기업에 치우치지 않고 최대한 '많은' 기업에 '빠르게' 지원하는 것이다. 이는 내가 지속해서 일관되게 강조하는 부분이다. 합격률을 높이기 위해서는 보다 많은 기업에 지원해야 하며, 여기에서 핵심은 바로 '속도'다.

이런 점에서 아래의 세 가지 작성 전략에 따라 자소서를 작성한다면 당신은 합격률을 상당히 높일 수 있을 것이다.

〈성공하는 자소서 작성 전략〉

1) 지원할 기업과 직무를 미리 정해 리스트로 만들기(대략 30~50개 기업).

2) 공채 시작 전 미리 자소서 소스 준비하기.

3) 리스트에 있는 기업을 포함해 최대한 많은 기업에 지원하기.

자소서를 작성할 때 흔히 하는 실수
:
자소서를 쓸 때면 왜 같은 실수를 반복할까?

앞에서 자소서의 속성에 대해 명확히 인지했다면, 이제는 자소서를 작성할 때 가장 많이 하는 실수에 대해 살펴보아야 한다. 그래야 최종 합격과 직결되는 글쓰기가 가능하다.

자소서에 기업 인재상을 그대로 쓰면 큰일 난다

대다수의 지원자들은 자소서에 기업의 인재상을 일명 '복사해서 붙이기(복붙)' 하는 실수를 한다. 기업의 인재상은 기업이 추구하는 인재상을 말하는 중요한 요소이지만, 자소서 초기 단계에 쓰면 안 된다.

자소서에서 가장 주력해야 하고 어필해야 하는 부분은 기업의 인재상이 아닌, 내가 가진 '직무 역량'이다. 내가 왜 이 직무에 적합한 사람인지를 사전에 준비하고, 이것을 문항에 따라 적절히 배치하는 것이 가장 중요하다. 그러므로 자소서를 작성할 때는 혹시 인재상에 쓰여 있는 단어들을 그대로 사용하지는 않았는지 점검해야 한다. 예를 들어, 인재상 키워드가 열정, 혁신, 창의, 인간미, 도덕성이었다면 그것을 그대로 직접적으로 활용하지 않는 것이 핵심이다.

아니, 그러한 단어를 직접적으로 쓰지 않는 것이 중요하다는 것이 무슨 말이냐고? 추상적이라 어렵다고? 그러면 여러분들이 좀 더 이해하기 쉽게 실제 문구를 통해 설명해 보겠다.

핵심 단어를 직접적으로 쓰지 말라는 것은 그저 "나는 인간미가 있다, 도덕성을 갖춘 인재다", 이렇게 답하지 말라는 뜻이다. 여기에서 바른 답은 "나는 관계 유지 및 확장을 통해 ○○ 기업이 강조하는 인간미를 적극 발휘할 수 있다"라고, 직접적이지 않게 쓰는 것이다.

이러한 연습을 취준생들은 여러 번 반복해 보아야 한다. 직접적인 키워드를 사용하지 않고 자신만의 핵심 문장 소스를 몇 개 확보해 두자.

기업 분석만 하면 큰일 난다

대부분의 지원자들은 기업 분석에 7할을 할애한다. 그러나 자소서를 쓸 때는 나에 대한 분석, 즉 내가 왜 채용되어야 하는가에 대한 철저한 분석이 먼저 이루어져야 한다. 그런 다음에 내가 지원한 기업의 현황, 이슈와의 접점을 만들어야 한다.

예컨대, 기업 분석을 통해 지원한 기업이 해외 진출을 최대 과제로 삼고 있음을 알았다고 가정해 보자. 이럴 때는 자소서에 단순히 해외에 진출하는 데 기여하겠다는 포부를 적는 것이 아니라, 직무에 준비된 인재로서 가지는 궁극적인 포부를 먼저 제시해야 한다. 그 이후에 궁극적인 포부를 현실화하기 위한 계획을 언급하면서 해외 진출에 대한 자신의 능력 등을 적용하는 것이 적절하다.

실수를 줄이는 자소서 작성법

1. 자소서도 두괄식이 필요하다

첫 번째 문단을 모두 읽어도 핵심이 무엇인지, 무엇을 말하고자 하는지 알 수 없다면 이는 치명적인 오류가 있다는 말이다. 결과물과 근거에 의거한 문제 사항이 아닌, 그저 '매우 힘들었다, 시간이 많이 소요되었다' 등 유추할 수 없는 감정을 나열하면, 심사위원에게 다음 문단에 대한 기대감을 감소시킨다. 심사위원 입장에서는 유추해야 하는 자소서를 피하고 싶어 한다. 따라서 두괄식을 사용해 명확한 문제 상황과 결과물을 배치함으로써 심사위원에게 읽어야만 하는 이유를 제공하자.

두괄식이란 결론이 되는 문장을 앞에 두고 정리해 가는 방식이다. 이와 반대로 미괄식은 결론을 뒤에 정리하는 방식이다. 자기소개서나 면접에서는 두괄식으로 항상 말하고 쓰는 습관을 들이자.

2. 모호한 표현은 가급적 줄이자!

심사위원 입장에서 객관적으로 해석이 어려운 단어는 피하는 것이 좋다. 예를 들어, 제품 퀄리티를 높이기 위해 어떠한 방법을 찾고 얼마나 개선했는지 말하고 싶을 때는 내용을 세분화해서 구체적으로 표현하는 것이 좋다. 추상적인 표현은 심사위원에게 독이 된다.

이때는 비즈니스에서 말하는 효과적인 전달력을 떠올리면 좋다. 이것의 핵심은 '구체성'에 기반한 것이기 때문에 나의 경험이나 행동이 추상적으로 묘사되고 있다고 생각되면 최대한 구체화해서 작성하자.

3. 기업에 대한 관심도를 강조하고 싶으면 이렇게 하자

만일 희망하는 직무가 연구개발이라면 실제 진행했던 실험의 내용이나 연구 경험이 직무의 유사 경험에 속한다는 점까지 이해하고 있어야 한다. 해당 사항을 인지해 문항을 작성하자.

기업의 의도에 부합하는 자소서 작성하기

:

기업의 의도를 파악한다는 것은 정확히 무엇일까?

기업이 의도하는 바를 충족하는 자기소개서를 작성하기 위한 첫걸음은 질문에 정확히 답하는 습관을 들이는 것이다. 동문서답하지 않는 자소서를 쓰는 것이 가장 중요하다. 이번 주제에서는 질문에 제대로 된 답을 하는 자소서를 쓰는 법에 대해 살펴본다.

질문 자체를 이해하지 못하는 지원자가 태반이다

기업의 평가 기준에 부합하는 제대로 된 자소서를 작성하기 위해서는 '자소서=시험문제'이라고 생각하는 것이 가장 바람직하다. 자소서를 시험문제라고 생각하면 질문의 조건과 의도를 한층 더 꼼꼼하게 보고 답을 찾기 위해 노력할 것이다.

그런데 대다수의 지원자는 자소서를 시험문제라고 여기지 않는 것 같다. 그러다 보니 문항을 제대로 보지 않고 오답을 작성하는 경우가 매우 많다. 먼저 자소서라는 시험문제에 제대로 된 답을 하지 않는 유형이 무엇인지부터 자세히 살펴본다.

유형 1 단정하여 작성하는 유형

먼저 지원 동기를 작성하라는 시험문제가 출제되었다고 생각해 보자. 시험문제는 분명히 동기만을 묻고 있는데 대다수의 지원자는 회사 지원 동기를 작성하라는 문제로 단정한다.

보통 자소서의 지원 동기 유형은 직무 지원 동기와 회사 지원 동기로 구분된다. 이점을 많은 지원자가 모르기 때문에 무턱대고 회사의 지원 동기로만 꽉 채우려고 한다.

이 문제에 대해서 제대로 답하기 위해서는 800자로 주어졌다면 400자씩 나누어 직무 지원 동기와 회사 지원 동기를 작성해야 한다. 이 사실을 꼭 기억하길 바란다.

만일 기업에서 회사의 지원 동기만 알고 싶었다면 기업에 지원한 동기를 쓰라고 명확히 제시한다. 그런데 지원 동기를 작성하라고 했다면 이는 직무와 회사 지원 동기 두 측면 모두를 골고루 확인하고자 한 것이다. 이것을 잘 캐치해야 한다.

유형 2 문항의 키워드 자체를 무시하는 유형

만약 '학업 외 관심'을 가지고 열정을 발휘한 경험에 대해 기술하라고 했다면, 반드시 학업 외의 관심이라는 주제어에 주목해야 한다. 다시 말해, 문항에서 주어진 키워드를 잘 들여다보아야 한다는 것이다. 여기에서 가장 중요한 것은 '학업 외의 관심 사항'이므로 반드시 학업을 제외하고 생각해야 한다.

기업이 단순히 '열정을 발휘한 경험들'이 무엇인지 알고 싶었다면 열정을 발휘한 경험을 기술하라고 했을 것이다. 그럼에도 콕 찍어서 '학업 외 관심'이라고 한 것은 학업 이외에 지원자가 어떤 관심 사항을 가지고 있는지 자세히 분석하고자 함이다.

자소서 문항에 기술된 키워드 하나하나가 평가 요소라는 점을 기억하면서 글쓰기를 연습하면 큰 도움이 될 것이다.

유형 3 문항의 의도 자체를 잘못 이해하는 유형

공동의 목표를 달성하기 위해 구성원들을 어떻게 설득했는가 하는 문항이 주어졌다고 가정해 보자. 이 경우에는 깊이 있는 해석이 필요하다.

일견 팀워크에 대한 경험을 묻는 것처럼 보이지만, 이 문항은 다른 사람의 도움이나 협조를 얻기 위해 설득한 경험을 묻는 것이 본래 목적이다. 더 구체적으로는 같은 목표를 공유하는 팀원을 설득한 경험을 작성하라

는 것이다.

따라서 내가 조직원들의 협조를 얻기 위해 어떤 방법을 사용했다는 것을 강조하고, 이를 부각해 기술하는 데 초점을 맞추어야 한다. 이것이 글의 핵심이 되어야 한다. 이런 점에서 '내가 입사하게 되면 팀워크를 중시하는 사람이 되겠다'는 식으로 접근하면 문항의 의도를 잘못 해석한 것이라 할 수 있다.

기업은 당신의 포부를 듣고 싶은 것이 아니다. 실제 당신이 성공한 '설득 경험'을 구체적으로 듣고 싶다는 점을 결코 잊어서는 안 된다.

지금까지 살펴본 세 가지 유형은 대표적으로 자소서 문항에 동문서답하는 부분을 소개한 것이다. 이 세 가지만 완벽히 이해해도 최고의 자소서를 작성하는 데 부족함이 없다. 왜냐하면 이런 방식으로 동문서답하는 자소서가 전체 자소서의 90퍼센트 가까이에 달하기 때문이다.

이 말을 반대로 생각해 보자. 동문서답하는 세 가지 유형만 신경 써서 피한다면, 상위 10퍼센트 수준의 차별화된 자소서를 작성할 수 있다는 말이다.

질문에 제대로 답하는 방법

이제부터는 자소서 문항에 정확한 답을 하기 위한 구조를 설정하는 연습을 해 보자.

유형 1　단정해서 작성하는 것을 방지하는 법

이는 자소서 문항만으로 정확히 무엇인지 특정하기 어려운 경우에 활용할 수 있다. 특히 자소서에서 어필할 수 있는 강점은 크게 역량 강점, 성격 강점으로 구분할 수 있다. 주요 키워드 아래에서 다양한 특장점들을 균등하게 전개하는 것이 좋다.

유형 2　키워드를 잘못 해석하는 것을 방지하는 법

보통 자소서에는 메인 키워드와 서브 키워드가 구분된다. 이 경우 서브 키워드는 자소서 문항에서 메인 키워드가 나오기 전 상황 설정이나 전제로 주로 활용된다. 그러므로 자소서는 서브 키워드를 기반으로 자연스레 시작하는 것이 좋다. 이렇게 하면 질문에 답하듯이 글을 시작할 수 있어, 앞의 내용을 활용해 다음 내용을 써도 문항과 맞지 않는 듯한 느낌을 줄일 수 있다.

유형 3　하나의 문항에 여러 질문이 나올 때 대처법

하나의 자소서 문항에서 여러 질문을 동시에 하는 경우가 종종 있다. 이런 문항은 질문 순서대로 문단을 구분하여 인사 담당자가 쉽게 평가할 수 있게 하는 것이 중요하다. 이때 문단마다 소제목을 별도로 기재하는 것이 원칙이다.

그런데 문단을 구분해 작성할 때 문단별 분량을 자의적으로 설정하는 것은 매우 위험하다. 예를 들어, 하나의 문항에서 직무 역량의 강점과 약

점을 모두 기술하라고 했을 경우를 보자. 대부분의 취준생이 전체 분량의 70~90퍼센트를 강점으로, 나머지를 약점으로 채운다. 심지어 단점을 별도 문단으로 쓰지 않거나 소제목을 달지 않는 사람도 많다.

이는 문항의 출제 의도와 평가 방식에 부합하지 않는다. 하나의 문항에 여러 가지를 질문할 경우에는 질문 순서대로 문단을 구분하고, 가능하면 문단 분량을 균등하게 배분해야 한다.

목적과 목표 점검하기

자기소개서를 작성하기에 앞서 자소서를 작성하는 목표와 목적을 다시 점검하는 일은 매우 중요하다. 이 부분에서 당신에게 질문 하나를 던진다.

"당신은 자소서를 많이 쓰는 것이 목표인가? 아니면 합격하는 것이 목표인가?"

당연히 합격이 목표일 것이다. 두말하면 잔소리다. 자, 그러면 다시 묻는다.

"자소서에 성공적으로 합격하는 것이 목표인가? 아니면 최종적으로 회사에 취직하는 것이 목표인가?"

두 질문은 비슷해 보이지만 전혀 다르다. 어떤 대답을 하느냐에 따라 취업 전략은 완전히 달라질 수 있다. 자소서를 쓰는 것, 다시 말해 지원서를 제출하는 데 있어서 내가 가장 중요한 문제라고 여기는 지점은 바로

'전략의 부재'다.

지원자 대부분은 막상 채용 공고가 뜨면 닥치는 대로 마구잡이로 지원서를 작성하기 바쁘다. 대충 자신의 전공에 부합하거나, 기업의 복리 후생 조건이 만족스럽거나, 이도 아니면 타이밍이 맞으면 그냥 다 지원한다. 그러나 마구잡이식 지원은 합격률 자체를 떨어뜨린다. 다시 말해 헛된 에너지만 낭비하는 격이다.

따라서 이제부터는 나만의 '합격 맞춤 포트폴리오'를 제시한다. 다음에서 제시하는 과정을 그대로 따라 하면 자소서의 완성도는 더욱 올라가고 그만큼 취업 성공도 높아지리라 확신한다.

★★★ 전략 1 : 직무 선택은 한두 개가 적당하다!

앞에서 계속 강조해 왔듯 직무 중심 사고가 취업 성공의 지름길이다. 나의 강점과 성공 경험을 토대로 남들보다 탁월한, 차별화된 직무를 선정하자. 만약 당신이 이공계라면 해당 전공과 연구 분야가 될 수도 있다. 여기에서 핵심 포인트는 메인 직무 한 개, 서브 직무 한 개 정도로 하고 두 개를 넘기지 말라는 것이다.

직무가 중구난방식으로 여러 개면 집중해서 포트폴리오를 구성하기가 어렵다. 그럼에도 서브 직무를 하나 작성하라고 하는 것은 스스로 자신의 직무를 제대로 파악하지 못한 상태일 수 있기 때문이다. 다시 말해 애당초 직무 선택이 올바르지 못했을 수 있기 때문에 가능성을 열어 두는 것이다.

★★★ 전략 2 : 산업 선택은 두세 개가 적당하다!

산업 선택은 직무 선택과는 완전히 다르다. 직무 선택과 같은 원리로 너무 다양한 영역이나 생소한 영역을 지원하면 합격률이 떨어진다. 그러므로 내가 집중해야 할 메인 직무를 가장 잘 보완하고 발휘할 수 있는 산업군을 딱 두 개만 선정하는 것이 좋다.

그리고 서브 직무 역시 한 개 정도 산업군을 선정하는 것이 바람직하다. 여기에다 최대로 세 개 정도 산업군에 대한 학습과 시장조사를 겸하면 금상첨화다.

★★★ 전략 3 : 작은 스타트업부터 대기업까지 모두 지원하라!

이렇게 말하면 "아니, 전략적 우선순위 없이 많이만 지원하는 것이 과연 능사인가?" 하고 반문할 수 있다. 당연히 우선순위 없이 100군데 넘게 지원하는 것은 합격률도 떨어지고 여간 피곤한 일이 아닐 수 없다. 명확한 포커스가 없기 때문에 중구난방식 지원이 되기 쉽다.

여기에서 강조하고 싶은 포인트는 개수가 중요한 것이 아니라 대기업이나 중견기업에만 집중하지 말라는 것이다. 물론 지원자 대부분이 대기업만을 선호한다. 이는 우리나라 같은 사회 구조상 당연한 결과이기도 하다.

그러나 모두가 다 대기업에 갈 수 있는 것이 아니다. 최종 합격이라는 관점에서도, 또 자신의 가치관과 신념과 부합하는 기업을 찾는 관점에서도 대기업만을 정해서 집중하는 것은 옳지 않다.

따라서 스타트업, 중소기업, 중견기업, 대기업 등 모든 영역별로 타깃

팅할 기업을 선정하라. 이것이 우리가 가장 먼저 해야 할 일이다. 그리고 스타트업으로 갈수록 규모가 작기 때문에 연봉이나 복리 후생 등 인사제도보다는 성장 가능성과 이를 만들어 가는 경영진을 보고 지원하는 것이 옳은 선택이다.

성공하는 기업 분석 정리법

'지피지기知彼知己 하면 백전백승百戰百勝이다'라는 말이 있다. 적을 알고 나를 알아야만 전투에서 이기는 법이다. 취업도 마찬가지이다. 지원하는 기업을 제대로 알아야 취업에 성공할 수 있다.

그러나 본격적인 채용 시즌이 시작되면 자기소개서를 쓰느라 시간이 부족하다. 그러다 보면 기업 분석을 제대로 하지 못하고 지원하는 경우가 많다. 시간이 있다고 해도 기업 분석이 어려워서 머리 아파하는 취준생이 많다. 이처럼 기업 분석을 어려워하거나 준비할 시간이 부족한 취준생들을 위해 이번에는 '기업 분석 방법'과 그 예시를 살펴보고자 한다.

그렇다면 도대체 회사 분석은 어떻게 해야 할까? 먼저 기업 분석의 시작인 공식 홈페이지에 있는 자료를 어떻게 정리해야 할지 알아보는 것이 필수다. 기업의 홈페이지를 통해서는 아래와 같은 장점을 얻을 수 있다.

첫째, 각 기업의 홈페이지를 보면 회사의 구조가 어떻게 이루어져 있는지 알 수 있다. 만약 여러 계열사가 있는 대기업이라면, 그룹이 어떻게 나누어져 있는지 파악할 수도 있다. 그리고 회사에서 현재 가장 주력으로 하는 제품, 브랜드, 기술이 무엇인지, 해당 매출액은 얼마인지 등도 찾아볼 수 있다.

둘째, 회사가 오늘날의 모습을 갖추게 된 이력을 알 수 있다. 이는 앞서 파악했던 회사의 구조와 주력 제품, 기술력이 어떤 과정으로 지금에 이르렀는지 짐작하게 해 주며, 이를 통해 기업이 앞으로 어떻게 나아갈지 그 방향성을 가늠해 볼 수 있다.

셋째, 회사의 비전을 확인할 수 있다. 이것은 앞으로 사업 목표를 어떻게 둘지, 어떤 가치를 두고 회사를 운영해 나가는지를 적어 둔 것이다. 회사의 비전을 보면서 나의 커리어 비전과 비교해 보고, 시너지를 낼 수 있을지도 고려해 보면 좋다.

마지막으로, 채용 관련 정보도 홈페이지에 공시되므로 꼭 확인해 보자. 어떤 방식으로 채용이 이루어지는지, 이전 3년 동안 어떤 시즌에 채용했는지, 회사의 인재상은 무엇인지, 어떤 직군을 채용하는지, 직군에 대해 그 회사만 쓰는 표현이나 용어가 있다면 모두 확인해 보자. 그리고 입사 후에 더 중요한 회사의 문화나 복리 후생 제도도 미리 알아 두면 좋다.

물론 기본적인 인재상이나 비전 파악 같은 것은 기본으로 하겠지만, 회사에 대해 조금 더 알고 지원을 한 사람과 그렇지 않은 사람은 자기소개서에서도 티가 나기 마련이다.

따라서 정말 가고 싶은 회사들을 정한 뒤 해당 기업들에 대한 정보들은 미리미리 파악해 두고, 수시로 뉴스 기사를 수집해 정리해 두면 좋다.

앞에서 제시한 것과 같이 개략적인 기업 분석을 위해 홈페이지에 있는 정보들의 정리가 끝났다면, 다음으로는 뉴스 기사나 시사 이슈를 정리해 보아야 한다. 가장 최신의 회사 소식을 쉽게 접할 방법은 단연 뉴스 기사

••• 기업 분석하기-1

1. 공식 홈페이지 자료 정리법　　　　　　　　　　　　　　▼ Q

기업 분석을 시작하려면 회사 공식 홈페이지부터 파악해야 합니다. 아래 네 가지 주제로 홈페이지에 있는 정보들을 정리해 보세요.

1) 회사의 구조
　여러 계열사가 있는 대기업인 경우 어떻게 그룹이 이루어져 있는지 알 수 있습니다. 또한 현재 가장 주력으로 하고 있는 제품/브랜드가 무엇인 지, 전년 · 누적 매출액 등을 파악 가능합니다.
2) 히스토리
　오늘날과 같은 구조를 갖게 된 이력을 볼 수 있습니다. '연혁'을 보며 앞 으로 어떤 방향으로 나갈지에 대해서도 짐작해 보세요.
3) 비전
　보다 뚜렷하게 회사의 사업 목표와 추구하는 가치 등을 나타낸 것입니다. 나의 커리어의 비전과 비교해 보면서 잘 맞는지 고민해 볼 수 있습니다.
4) 채용 정보
　채용 관련된 정보들을 알 수 있습니다. 어떤 방식으로 채용이 이루어지 는지, 회사의 인재상과 채용하는 직군에 대한 자세한 정보도 정리되어 있습니다. 회사의 문화, 복리 후생 제도가 어떻게 되어 있는지도 확인해 보세요.

이다. 그런데 읽기만 할 순 없으니 아래와 같은 방법으로 정리하면 좋다.

첫째, 신문 기사나 자료의 기본 정보를 정리한다. 간략하게 날짜, 제목, 매체의 이름 정도면 충분하다.

둘째, 뉴스의 성격을 분류한다. 나중에 파악하기 쉽게 자사, 경쟁사, 업계, 트렌드 등으로 분류하는 방법이 있다.

셋째, 기사나 자료의 주요 내용과 핵심 키워드를 요약한다. 이때 신경

●●● **기업 분석하기-2**

2. 뉴스 기사/시사 이슈 자료 정리법　　　　　　▼ Q

최신의 회사 소식을 가장 쉽게 접할 수 있는 방법은 뉴스 기사 읽기입니다. 이때 뉴스 기사도 정리를 하면서 봐 두면 좋습니다. 아래의 세 가지 방법으로 뉴스와 기업 관련 자료들을 정리해 보세요.

1) 기본 정보 정리
　날짜, 제목, 매체명을 메모합니다.
2) 뉴스의 성격 분류
　뉴스의 내용에 맞게 카테고리를 나눕니다. 쉽게는 자사/경쟁사/업계/트렌드로 분류해 볼 수 있습니다.
3) 주요 내용 및 핵심 키워드 요약
　해당 뉴스에서 중요한 내용을 요약합니다. 특히 구체적인 수치, 날짜, 브랜드나 기술명을 키워드로 정리하면 좋습니다. 자기소개서를 쓰거나 면접 준비할 때 활용할 수 있습니다.

써야 할 것은 구체적인 수치나 날짜, 브랜드 이름이나 기술명을 하이라이트해 놓거나 키워드로 따로 정리해 두면 더욱 좋다.

이렇게 뉴스를 분류하고 정리해 두면 자기소개서를 쓰거나 면접을 준비할 때 찾아보고 활용하기에 매우 용이하다.

지금까지 자기소개서 시작 전에 해 두면 매우 편리한 '기업 분석하는 방법'에 대해 상세히 살펴보았다. 다음 표는 이를 일목요연하게 정리한 요약이다.

••• **기업 분석법 요약** ✕

1. 지원하고 싶은 회사 리스트를 뽑아 해당 기업의 공식 홈페이지를 꼼꼼히 살펴보자! ▼ Q

1) 회사의 구조: 계열사, 주력 제품이나 브랜드, 매출액, 현황 등 파악
2) 히스토리: 회사의 연혁을 통해 과거와 미래를 유추
3) 비전: 회사가 나아갈 방향과 나의 커리어 비전을 대비
4) 채용 정보: 인재상, 직군, 직무 설명, 회사 문화나 복리후생, 채용 방식을 미리 확인

2. 지원하는 회사와 업계의 뉴스 기사, 시사 이슈를 평소에 정리해 두자! ▼ Q

1) 자료의 기본 정보: 날짜, 제목, 매체명
2) 뉴스 성격: 자사, 경쟁사, 업계, 트렌드. 참고 자료 등
3) 주요 내용 및 핵심 키워드: 구체적인 수치, 날짜, 브랜드, 기술명, 용어 등을 키워드로 나누어서 정리

경험은 언제나 중요하다

:

왜 자기소개서는 '경험'이 전부일까?

나는 지금까지 학생 수천 명을 직접 코칭했다. 취업 코치로 활동하며 대기업, 공기업, 외국계 기업, 중견기업 등 다양한 기업에 취업한 구직자들을 만나면서 자소서 작성에 대한 어려움을 많이 목격했다.

이 글을 읽고 있는 당신처럼 취업시장에 뛰어든 모든 구직자는 취업을 하는 과정에서 지금까지 한 번도 경험하지 못한 다양한 장벽들을 만나게 된다. '스펙의 벽, 인적성의 벽, 면접의 벽, 자소서의 벽'이 바로 그것이다. 그중에서도 지원자들이 아주 지긋지긋해하는 부분은 단연 '자소서'일 것이다. 100개를 써도 한두 개 통과되는 일이 부지기수이니 말이다.

스펙이 문제가 아니다

보통 서류가 통과되지 않으면 지원자들은 우왕좌왕할 수밖에 없다. 이는 당신이 겪고 있는 이 문제가 '자소서상의 문제인지 아니면 스펙의 문제인지' 그 누구도 명확하게 일러주지 않기 때문이다. 그러다 보면 지원자들은 그 이유를 '스펙의 문제'라고 생각하고, 자소서를 개선하기보다 열심히 토익이나 토스 같은 자격증을 준비하는 경우가 많다.

그러나 앞에서 내가 줄기차게 강조하듯, 토익 점수가 만점이라고 해서 서류가 무조건 통과될 것이라는 기대는 일찌감치 버리는 것이 좋다. 정말이다. '난 어학 실력이 남보다 우수하니까 자소서가 조금 부족해도 다 커버될 거야'라는 생각은 지금 당장 버려라.

나는 심심치 않게 토익 만점을 받은 구직자들을 상담한다. 그들의 상담 내용 대부분은 "아니, 토익점수가 만점에다가 토스가 8급인데 대체 왜 서류에서 탈락하느냐?"는 것이다. 그들이 평균적으로 50군데에 서류를 넣었지만 보통 서너 개 통과한 것이 전부였다는 점은 우리에게 시사하는 바가 크다.

결론적으로 기업은 영어 잘하는 사람을 원하는 것이 아니라 현장에서 '조기 전력화가 가능한 인재'를 찾는 것임을 여실히 알 수 있다. 물론 높은 영어 점수나 자격증이 필요 없다는 뜻이 아니다. 다만 그것밖에 없다면 문제가 된다. 현장에서 즉시 투입되어 일할 수 있는 능력을 증명하는 '경험'이 필요하다. 우리에게 가장 필요한 것은 다름 아닌 실제 내가 한 '경험'이다!

일선 현장에서 코칭을 하다 보면 어학 점수가 그다지 높지 않거나 자격증이 전혀 없지만 대기업에 들어간 지원자들을 종종 볼 수 있다. 이들은 자격증과 같은 스펙은 없지만 회사가 요구하는 직무 역량을 갖춘 지원자이기 때문에 가능했던 것이다.

그렇다면 기업들은 왜 경험을 중시할까? 내가 지원자들에게 많이 듣는 상담 내용 중 하나가 "경험이 많이 부족한데 어떻게 자소서를 쓰면 되나요?"라는 질문이다. 대부분은 평범하게 대학 생활을 하고 남들처럼 공모전이나 인턴십에 한두 번 참여한 게 전부인데, 어떻게 하면 좋을까 걱정하는 내용이다.

그도 그럴 것이 요즘에는 대기업과 공기업 중심으로 경험을 물어보는 항목이 많아졌다. 경험이 부족하면 자소서에 손을 대기 힘든 경우가 종종 발생한다. 물론 이러한 항목이 점점 많아지는 것도 어느 정도 이해는 간다. 스펙만으로는 지원자의 도전과 창의 역량을 살펴볼 수 없기 때문이다.

따라서 자소서는 앞으로도 중요한 요소로 작용할 수밖에 없다. 내가 자소서 전문가라서 하는 이야기가 아니다. 앞으로도 자소서를 잘 작성하는 것이 모든 취업 관문을 통과하는 '제1의 열쇠'가 될 것이다.

자소서 작성이 어려운 당신을 위하여

자소서 작성에 어려움을 느끼는 지원자들을 위해 딱 두 가지 조언만 한다면 다음과 같다.

첫째, 지금도 늦지 않았으니 당장 경험을 쌓아라! 앞서 언급했듯 자격증과 각종 스펙을 쌓겠다고 학원과 도서관에만 있지 말라는 것이다. 직무를 비롯해 원하는 기업과 부합하는 경험을 쌓을 시간을 갖는 것이 좋다.

만약 당신이 나의 친동생이었다면 나는 지금 당장 도서관에서 나와 아르바이트든 인턴이든 계약직이든 자신의 분야를 배울 수 있는 곳에서 현장 경험을 쌓으라고 말해 줄 것이다. 그리고 저녁에 남는 시간이 있다면 그 시간에 부족한 영어 공부를 하라고 이야기해 주고 싶다.

둘째, 자신의 과거 경험을 완전히 재검토하라! 첫 시작부터 온전히 다시 바라보라는 말이다. 이 부분이 어떻게 보면 가장 중요하다고 할 수 있다. 과거 나의 경험을 원점에서 재검토해 보라는 것인데, 그간 당신이 경험이라고 여기고 있는 부분이 실제 자소서에 기재할 수 있는지, 원하는 기업과 직무와 연관성이 있는지 솔직담백하게 분석해 보아야 한다. 이것이 급선무다.

지원자 대부분은 특별한 경험이 없다고 말한다. 하지만 개별적으로 이야기를 나누어 보면 아주 멋진, 너무나도 근사한 경험과 출중한 역량과 실력을 갖추고 있는 사람이 많았다. 결국 자신의 경험을 어떻게 바라보고, 어떻게 자소서에 녹여낼 수 있는지가 관건이다.

한 가지 경험이라도 다양한 각도에서 바라보는 연습을 해 보길 추천한다. 이렇게 자신의 생활과 삶과 경험을 바라보게 되면 내게도 숨겨진 스토리가 있음을 발견할 것이다. 이어지는 내용에서는 자소서에 경험을 녹이는 방법에 대해서 함께 면밀히 살펴본다.

흔한 경험도 재해석하라

경험의 재해석이란 무엇일까? 재해석이란 자신의 경험을 더욱 돋보이게 만드는 관점의 변화를 의미한다. 결국 '좋은 자소서다, 아니다'의 기준은 스펙이 아니라 내가 일하고자 하는 직무에 맞추어 자신의 지식과 경험 등을 얼마나 잘 풀어내는가가 관건이다.

예를 하나 들어본다. 일반적으로 어학연수는 흔한 자소서의 경험 부분 소재 중 하나다. 어학연수를 가는 목적은 외국어 능력 함양과 글로벌적인 시각을 가지기 위함일 것이다. 그렇다 보니 대부분의 지원자는 진부하게 경험을 나열하는 방식을 사용한다. 그러나 특별한 문제나 어려운 상황 없이 누구나 연수에서 겪을 법한 일을 나열하는 것은 문제가 있다.

반면에 좋은 자소서는 ○○ 국가에서 ○○ 일을 아르바이트로 했다는 점에 착안하여, 그것을 어떻게 이루고 어떠한 성과를 냈으며 무엇을 배웠는지를 기술하는 데 집중한다. 이것이 핵심이다. 이를 통해 심사위원들은 지원자의 열정과 도전 정신을 잘 알 수 있다. 같은 흔한 경험과 소재라도 매력적인 경험으로 탈바꿈할 수 있는 것이다.

이전에 상담했던 한 청년이 기억난다. 지방대 출신에 30세라는 적지 않은 나이, 문과생이었다. 그 청년은 자신의 이러한 조건 때문에 스스로 힘들어하며 서류 전형을 통과하는 데 상당한 어려움을 겪고 있었다. 그런데 이야기를 나누다 보니 생각보다 아주 훌륭한 역량과 경험을 가지고 있었다. 스스로 자신이 가지고 있는 보석을 발견하지 못했던 것이다.

상담을 마치고 나는 그 청년에게 자신 있게 이야기했다. 이 정도면 충분히 취업시장에서 생존이 가능하니 자신감만 가지고 계속 지원하라고 말이다. 그리고 함께 5일 동안 정성껏 소개서를 작성하고 적극적으로 구직시장에 뛰어들었다. 그 결과 4주 만에 다섯 개 중견기업으로부터 합격 소식을 들을 수 있었다. 이처럼 흔한 경험이라도 어떻게 바라보고 재해석하느냐에 따라 결과는 완전히 달라질 수 있다.

경험에 대해 재해석하고 기술할 때는 다음과 같은 방식을 따르는 것을 추천한다.

첫 번째 경험 정리법은 '연대기 정리' 방식이다.

연대기 정리 방식은 이렇다. 내 인생을 타임라인으로 펼쳐 보았을 때 시기별로 무슨 일이 있었는지, 기록할 만한 사건을 팩트 위주로 정리해 보는 것이다. 이때 너무 자세하게 쓸 필요는 없고, 꼭 필요한 사실과 결과 위주로 간단하게 자신이 알아볼 수 있을 정도로 정리하면 된다.

그리고 이력서의 기본은 '최신 → 과거' 순이라는 것도 잊지 말아야 한다. 좌 → 우로 정리를 시작했다면, 좌측에는 가장 최근의 이력, 우측은 가장 마지막의 이력을 작성하면 된다. 상 → 하로 정리하고 싶다면 위쪽에 최근 이력, 아래쪽에 마지막 이력을 작성한다.

1. 연대기 정리법 '최신 → 과거' 순으로!　　　　　▼ Q

내 인생을 하나의 타임라인으로 펼쳐 보았을 때 시기별로 무슨 일이 있었는지 팩트 위주로 정리하는 방법입니다. 꼭 필요한 사실만 간단하게 알아볼 수 있을 정도로 정리합니다.

```
        [2016년 12월]          [2016년 2월]           [2015년 9월]
        ○○기업 마케팅팀        ○○기업 대학생          ○○기업 마케팅
          인턴 시작           홍보대사 활동 종료        공모전 동상 수상

──────────────────────────────────────────────────────────────▶

        [2017년 2월]          [2016년 8월]           [2015년 12월]
        ○○대학교 졸업         토익 스피킹            토익 900점 달성
        평균 학점:3.9          Lv 7 달성
```

두 번째 경험 정리법은 '인재상 키워드 매칭' 방식이다.

이는 연대기 정리가 끝났을 때 활용하면 좋은 경험 정리 방법이다. 쉽게 말해, 각 경험에 맞는 키워드와 인재상에 맞게 분류해 놓는 작업이다. 한 가지 경험에 여러 키워드가 해당하더라도 중복해서 표시해 두면 좋다. 자기소개서를 한 회사만 작성하는 것이 아니기 때문이다.

그렇다면 어떤 키워드들로 자신의 경험을 분류하면 좋을까? 일반적인

2. 핵심 키워드-인재상 매칭하여 정리   ▼ Q

연대기 순으로 정리한 경험들을 핵심 키워드에 맞게 분류해 두면 나중에 자기소개서를 쓸 때 도움이 됩니다. 한 가지 경험에 여러 키워드가 해당되더라도 중복하여 표시합니다.

아래 표는 우리나라 30대 기업의 인재상을 분석해 본 결과, 중복되는 15개의 키워드들을 정리해 둔 리스트입니다. 참고하여 나의 경험에 맞는 키워드를 분류해 보세요.

[30대 기업 인재상 분석 공통 키워드]

도전 정신	위험을 기꺼이 감수하고 새로운 분야에 도전하는 태도
전문성	특정 분야에 대한 깊이 있는 전문 지식과 소양
도덕성	윤리의식과 올바른 가치관
창의성	새로운 아이디어를 창출하는 능력
협력	다양한 분야의 전문가들과 공동 작업을 수행하는 능력
열정	승부 근성과 자신감을 가지고 업무에 임하는 태도
가치 창출	지속적이고 전문적인 가치 창출에 노력
책임감	주인의식과 사명감
글로벌 역량	글로벌 마인드와 국제적 소양
혁신	새로운 문제를 발굴, 이를 해결하기 위해 지식을 동원하는 능력
진취성	진취적인 태도와 추진력으로 자기 계발, 업무에 임함
창조성	끊임없이 새로운 지식과 아이디어를 창출하려는 태도
개방성	새로운 관점과 지식을 이해하고 받아들이는 유연성
공동체 정신	타인 및 조직과 교감하고 배려하는 능력
신뢰	서로 믿고 존중하는 태도로 신뢰 관계를 형성

출처: 배지혜 · 이영민, 「국내 30대 기업의 인재상 분석 및 인재양성의 정책적 시사점」, 인문사회과학기술융합학회, 『예술인문사회 융합 멀티미디어 논문지』 제5권 제4호, 2015년 8월.

키워드는 '도전 정신, 전문성, 도덕성, 창의성, 협력, 열정, 가치 창출, 책임감, 글로벌 역량, 혁신, 진취성, 창조성, 개방성, 공동체 정신, 신뢰'이므로 이에 맞추어 자신의 경험을 정리해 보길 바란다.

세 번째 경험 정리법은 'START 기법' 방식이다. 이 방법은 자기소개서에 경험을 작성할 때 쓰기에 좋은 방법이다. 자신의 경험을 읽기 좋게 구조화하기 위해 'START 5요소'에 따라 정리하면 된다. START 각각의 내용은 아래와 같다.

〈START 5요소〉

1) S는 Situation(상황) : 그 일이 벌어졌던 상황을 설명한다.

2) T는 Task(과제) : 그때 무엇을 해야 했는지, 미션으로 어떤 역할을 왜 했는지를 작성한다.

3) A는 Action(행동) : 해당 상황에서 나의 해결책을 이야기한다. 어떤 계획에 따라 어떻게 행동했는지를 기술하면 된다.

4) R은 Result(결과) : 그 결과로 어떤 것을 얻었는지, 그 전의 수치나 비교 대상이 있다면 그것과 함께 정리해 보자.

5) T는 Taken(교훈) : 이를 통해 느낀 점, 앞으로 일할 때 어떻게 적용하고 싶은지를 작성하면 된다.

예를 들어 'START 5요소' 방식의 순서대로 아르바이트 경험을 작성할 때는 다음과 같이 쓸 수 있다.

〈START 5요소 적용 예시〉

1) S: 생활비를 스스로 벌기 위해서 마트 아르바이트를 하기로 했습니다.

2) T: 식품 파트를 담당하게 되었습니다. 소비자들이 제품을 추천해달라는 요구가 많았는데, 제대로 추천해 주기가 어려웠습니다.

3) A: 요리 레시피와 그것에 필요한 재료들을 연구했습니다. 점장님께 건의해 '오늘의 반찬' 코너를 만들었습니다. 특정 요리와 그것에 필요한 세일

●●● ●●● 나만의 경험 정리하기 - 〈'START 기법' 방식〉 ✕

3. 경험별 세부 내용 정리 'START 기법' ▼

자기소개서에 경험을 작성할 때 활용할 수 있는 구조화 작업인 'START 기법'에 입각하여 세부 경험 내용을 정리해 두면 편하게 자기소개서를 작성할 수 있습니다.

Situation/상황	일이 벌어진 상황 설명
Task/과제	그 상황에서 무엇을 했어야 했나, 미션으로 어떤 역할을 했고, 왜 그 역할을 했는지
Action/행동	과제를 해결하기 위해 어떤 계획을 세워서 어떻게 행동했는지, 나만의 해결책
Result/결과	행동의 결과, 수치나 비교 대상이 있다면 함께 정리
Taken/교훈	그 경험을 통해 깨달은 점, 앞으로 일을 할 때 이것을 어떻게 적용할 것인지

제품들을 사 갈 수 있도록 코너를 구성했습니다.

4) R: 요리에 필요한 재료들을 한 번에 사 갈 수 있어 소비자들이 크게 만족했으며, 식품 코너 매출이 전월 대비 150퍼센트 늘었습니다. 이를 본 청과물, 육류, 생선 파트에서도 저의 아이디어를 적용했습니다.

5) T: 이를 통해 소비자 당사자의 입장에서 생각하고 편의를 주기 위해 아이디어를 내는 것이 곧 영업 이익으로 돌아오는 노하우가 될 수 있다는 교훈을 얻었습니다. 앞으로 어떤 매장에 배치되더라도 손님에게 진짜 필요한 것을 준비해 매출을 올릴 수 있는 영업 사원이 되도록 하겠습니다.

끝으로 미리 해 두면 좋은 것 중 하나인 '이력서 정리'에 대해 간단히 알아보고 이번 항목을 마치도록 하겠다.

이력서 정리는 반드시 본격적인 채용 시즌 전에 꼭 해야 한다. 왜냐하면 이력서는 날짜, 점수, 기관 이름과 같이 정확하게 확인하고 기재해야 하는 내용이 많기 때문이다. 이것을 입사 지원하면서 입력하려고 하면 과거 기록을 일일이 찾아보아야 하고, 날짜를 계산하고, 증명서를 떼야 하는 등 많은 시간이 소요된다. 그러니 이력서 정리 또한 꼭 미리미리 해 두어야 한다.

지금까지 자기소개서 시작 전에 해 두면 편한 '나만의 경험 정리법'에 대해 살펴보았다. 아래 표는 일목요연하게 정리한 '경험 정리법'에 대한 요약이다.

1. 내 인생 전반을 정리해 볼 수 있는 '연대기 정리법'
   최신에서 과거 순으로 주요 사실 위주로 간략히 정리해 봅니다.
2. 나의 경험을 주요 키워드에 맞게 분류하는 작업
   인재상 15키워드를 기준으로 하나하나의 경험이 어디에 해당되는지 분류해 봅니다.
3. 경험을 서술할 때는 START 기법을!
   Situation 그 때의 상황, Task 해결해야 했던 과제, Action 나의 행동, Result 그 결과, Taken 그로부터 얻은 교훈 5요소로 나의 경험을 요약할 수 있습니다.
4. 이력서 업데이트는 수시로 해 두어야 좋아요!
   점수, 기관명, 날짜 등 정확한 확인이 필요한 인력서는 평소에 자주 업데이트를 해 두시는 것이 좋습니다.

최고보다는 '바른' 사람이 되라

취업 코칭을 하다 보면 자주 듣는 이야기가 하나 있다. 바로 합격자 스펙에 대한 궁금증이다. 자신이 가고 싶어 하는 회사에 입사한 사람의 학교, 학점, 토익 점수, 인턴 경험 등을 궁금해한다.

예를 들어, 누군가가 현대자동차에 합격했는데 학교는 중위권 기계공학과, 토익 800점, 학점은 3.8, 인턴십은 없었다고 말해 주면 자신도 충분히 입사할 수 있다고 여긴다. 반대로 같은 회사에 입사한 사람이 고려대 경영학과, 토익 980점, 학점은 4.3, 인턴 2회라고 하면 기가 죽는 경우가 많다.

그런데 사실 각종 취업 커뮤니티에서 구직자끼리 서로 스펙을 분석하는 것은 의미가 없다. 왜냐하면 기업에서는 최고의 인재를 뽑는 것이 아니라 바른 사람을 뽑는 것이기 때문이다.

최근에 현대자동차에 서류가 합격된 지원자 여러 명을 만난 적이 있다. 여기서 주목해야 할 점은 그들을 하나의 스펙으로 정의 내리기에는 편차가 상당히 심했다는 점이다. 학교도 다양하고, 전공도 서로 다르고, 인턴 경험도 없는 경우가 반이 넘었다.

그러나 합격자들은 분명히 공통점도 있었다. 그것은 바로 자동차와 직무에 대한 관심이었다. 자동차에 대해 그 무엇보다 열정적인 자세를 갖춘 스토리를 가지고 있었다는 점도 공통점이었다. 그들은 현대차뿐만 아니라 다른 기업에서도 연달아 러브콜을 받았다.

따라서 스펙을 분석하기보다는 그들의 자소서를 분석하는 것이 더 빠른 지름길일 것이다. 지원자들은 아르바이트, 인턴, 동아리 활동, 어학연수, 군 경험, 봉사 활동 등 대부분 비슷한 경험을 가지고 있다. 이렇게 비슷한 경험을 남다르게 쓰는 것이 중요하다. 차별화를 살리는 것이 관건이라는 것이다.

이 책에서 나는 차별화된 전략을 소개하고 있다. 그 부분을 지원자들은 잘 활용하여 자신만의 특별한 경험으로 바꾸는 데 도움이 되었으면 좋겠다.

나만의 '차별화된 경험 소재' 발굴 워크시트

자, 이제 마음의 준비가 되었다면 나의 경험을 원점에서부터 정리해 보자. 특별하지 않아도 좋다. 사소한 것도 좋다. 과거의 경험을 진솔하게 생각나는 대로 적어 보자.

자, 이렇게 상세히 그간의 자신의 모든 경험을 일목요연하게 정리해 보니 어떠한 생각이 드는가? 빈칸이 너무 크게 느껴진다고? 아니다. 경험이 적다고 해서 상심할 필요는 없다. 시간적으로 여유가 있다면 부족한 경험은 채워 넣으면 된다.

〈스토리 발견 시트〉

성장 과정 및 가치	소 재
인생의 터닝 포인트	
부모님의 가르침	
성장 배경(대가족, 장남 등)	
가치관 및 관련 경험	
취미 및 동호회, 여행 경험	
자신의 좋은 습관	

대학 생활	소 재
프로젝트 경험	
기억에 남는 전공 수업	
졸업 작품 및 연구 활동	
교내외 동아리 활동	
학과 및 학생회 활동 (MT, 축제 등)	

대외 활동	소 재
서포터즈 및 봉사 활동	
어학연수 및 교환학생 활동	
해외 경험	
공모전 참가	
아르바이트(대표적인 것 두 개만)	
인턴 활동	
자격증, 교육 이수	
기타	

지금 당장 취업을 준비하는 경우라 할지라도 모든 영역의 경험이 다 있을 필요는 없다. 어차피 기업에서는 구직자의 모든 경험을 물어보는 것이 아니라 핵심 경험만을 묻기 때문이다. 그러므로 자신의 경험에서 핵심 경험 네다섯 개만 추려내도 훌륭한 자소서를 작성하는 데는 아무런 무리가 없다.

정확한 당신의 직무를 타깃하라

:

직무는 언제나 최우선으로 염두에 두라!

지금껏 일관되게 '직무'의 중요성을 강조했다. 열 번을 강조해도 부족한 것이 바로 '정확한 직무 이해'다. 만약 당신이 운전을 아주 잘한다고 가정해 보자. 그런데 목적지와는 정반대의 길로 가고 있다면 어떻게 될까? 아무리 운전을 잘하더라도 목적지에는 결코 도달할 수 없다. 이는 구직자들에게도 똑같이 적용될 수 있다.

직무를 이해했는지 체크하라

자신이 입사하려는 기업에서 맡을 직무를 온전히 이해하지 못하고 서류를 작성하면 십중팔구 좋은 결과를 낼 수 없다. 직무만 정확히 이해해도 스펙과 관계없이 성공적인 결과를 도출할 수 있다. 왜냐하면 상당수의 지원자가 엉뚱한 방향으로 운전을 하고 있기 때문이다.

실제로 취준생 중 상당수가 직무를 제대로 이해하지 않고 자소서를 작성한다. 그렇다 보니 지원 동기나 입사 후의 포부가 명확히 나타나지 않는 경우가 많다. 아래는 대표적으로 MD 직무에 관해 기재한 표다.

〈직무 이해를 위한 체크 포인트〉

	MD 직무
필요 역량	• 풍부한 경영 이론에 대한 지식과 트렌드에 대한 관심 • 상품 기획력, 기획한 상품을 론칭하기까지의 추진력 • 시장 상황 분석력, 협력 업체 발굴을 위한 커뮤니케이션 능력
업무	• MD는 시장 환경 분석과 업계 동향 조사를 통해 타깃 시장군을 파악 • 타깃 시장군에서 훌륭한 상품으로 판단되는 상품 기획 • 해당 상품을 공급하는 업체를 파악하고 협력 업체를 모색 • 상품 점검을 통해 신규 상품 론칭 • 기존의 상품 구성을 시장 환경 변화와 계절, 타깃 고객층에 맞춰 재구성

이처럼 각 직무별로 하는 업무와 필요 역량을 정리하는 것이 직무 이해를 위한 첫 번째 단계다. 각 기업의 홈페이지와 채용 사이트에는 직무별 업무와 필요 역량이 매우 자세히 나와 있다. 이를 참고하는 것만으로도 직무를 이해하는 데 이미 절반은 달성한 셈이다.

현업자를 만나라

사실 직무를 이해하는 데 가장 좋은 방법은 현재 그 일을 하고 있는 사람, 현업자를 만나는 것이다. 현업자만큼 확실한 정보 획득의 창구도 없다. 기업 채용 사이트를 통해 직무를 어느 정도 이해했다고 해도 궁금증은 남기 마련이다. 이러한 갈증을 해소할 수 있는 방법은 현업자와의 만남이다.

적어도 현업자 세 명 이상과 만나서 정보를 얻어라. 물론 잘 알고 지내는 현업자가 없을 수 있다. 대부분 그럴 것이다. 그러나 지인의 지인이라도, 수소문을 해서라도 만나라. 적극적인 자세를 보이는 것이 중요하다.

취준생 대부분은 학과 선배나 교수, 친구, 학교 취업센터, SNS 등을 통해 현업자를 만난다. 그럼에도 찾지 못한다면 직접 회사로 찾아가는 용기가 필요하다. 실제 내가 지도하는 취준생 중 일부는 이러한 용기를 발휘해 직접 회사를 찾아가서 자신의 궁금증들을 해결한다. 머뭇거리지 말고 직접 현업자를 만나서 직무에 대한 이해도를 높여 보자.

물론 현업자를 만나서 인터뷰하는 것은 부담스러운 일이다. '거절당하면 어쩌지? 내 질문을 귀찮아하면 어쩌지?' 하는 걱정부터 든다. 누구나 마찬가지 고민을 한다. 그러나 지금 중요한 것은 취직이지 남의 사정을 생각할 때가 아니다.

이해한 직무를 적극적으로 활용하라

채용 사이트와 현업자와의 인터뷰를 통해 어느 정도 직무에 대한 이해가 쌓였다면, 이제 할 일은 직무 수행에 필요한 역량을 내 경험에 비추어 적용할 수 있어야 한다. 직무에서 필요로 하는 역량이 무엇인지, 이를 갖추기 위해 나는 어떤 경험을 했는지 연결시켜 정리해야 한다.

다음 표에서 앞서 작성한 경험 중 베스트를 뽑아서 어떤 역량을 자기소개서로 연결시켜 적을지 체크해 보자. 이때 제시된 역량에 속하지 않는 것은 기타 란에 적도록 하자. 그리고 이 경험을 성취 경험이나 성장 과정에 적을지, 아니면 성격의 장점에 적을지, 지원 동기에 적을지를 연결 항목 부분에 적어 보자. 이는 자기소개서에서 아주 중요한 부분이니 귀찮다고 그냥 넘어가지 말고 꼭 체크하길 바란다.

지금까지 자신의 경험을 적고 직무에서 필요로 하는 역량과 연결 지어 보았다. 이 과정을 한눈에 정리할 수 있도록 대표적인 희망 직무(예시)와 연결해 보자.

→ 역량 ↓ 경험	성취 실패	창의력	팀워크 리더십	소통 갈등	책임 성실	친화력	긍정 배려	기획력 분석력	글로벌 어학	조직 적응력	업무 전문성	기타	연결 항목
예〉 자전거 여행	0												

〈경험과 직무 역량을 만들어 가는 프로세스 예시〉 ─────

(희망 직무: 삼성전자 스마트폰 사업부 연구 개발자)

1. 직무 분석과 현업자와의 인터뷰를 통한 직무 이해와 역량 파악하기

• 내용: 스마트폰을 개발하기 위해서는 회로 지식과 RF 지식이 필요함, 개발 시 다양한 사람들과 협업해야 함, 문제 발생 시 원인 분석을 위한 문제 해결 능력이 필요함, 고강도 업무를 견딜 수 있는 체력이 필요함.

이처럼 하나의 직무를 수행하는 데에는 많은 역량이 필요하다. 이때 직무 역량을 분석하는 과정에서 책임감과 성실함, 친화력이 중요하지 않은지

반문할 수 있다. 그렇다. 그러한 요소들도 물론 중요하다. 그러나 이것은 모든 직무에 공통적으로 필요한 역량이다. 기초 역량은 기본이고 지원하는 직무마다 특히 요구되는 역량을 체크해야 한다.

2. 나의 경험과 직무 역량을 연결하기
• 내용: 핵심 역량 중 협업은 공모전 프로젝트를 통해 보여준 협업 능력, 체력은 마라톤 동호회 활동을 통해 역량 강화, 분석력은 프로젝트에서 문제점을 발견해 원인을 규명한 경험이 있음, 회로 지식은 논문 자료와 스터디 활동을 병행해 지식 확보 노력 중, RF 지식은 전공과목 외에 스터디를 통해 심화 지식 확보, 긍정적인 자세는 인턴십 때 보여준 어려움 극복 경험, 커뮤니케이션 역량은 해외 봉사 활동에서 보여준 소통 경험.
물론 직무에 필요한 역량에 자신의 경험을 모두 대치시키지 못할 수도 있다. 그럴 때 보완할 부분을 별도로 분류해 실제 액션 플랜을 짜는 것이 중요하다.

자기소개서 틀 만들기

이렇게 소재의 분류와 역량이 완성된 다음에 실제 글쓰기가 시작된다. 지원자 대부분은 글쓰기에 심각한 어려움을 겪고 있다. 그럴 때 마치 수학 공식처럼 글을 잘 쓸 수 있는 공식이 있다면 자소서 작성에 대한 두려움을 없앨 수 있다. 이어지는 내용에서는 글쓰기와 관련된 나만의 '특별 공식'을 소개한다.

1. 헤드라인이 핵심이다!

여러분들은 인사 담당자들이 자소서를 읽는 데 시간이 대략 어느 정도 걸릴 것이라고 보는가? 놀라지 마시라. 짧게는 30초, 길게는 2분 정도가 평균적으로 인사 담당자들이 자소서를 읽는 데 들이는 시간이다. 내가 정성껏 기재한 모든 자소서를 담당자들이 꼼꼼하게 읽을 것이라는 생각은 일찌감치 버리는 것이 좋다.

인터넷 뉴스를 한번 생각해 보라. 수백 가지 읽을거리가 우리 손바닥에서 펼쳐진다. 이때 독자들에게 선택되기 위해서는 때로는 과장과 잘 포장된 헤드라인이 필요하다. 헤드라인이 진부하면 독자는 떠난다.

자소서도 마찬가지다. 인사 담당자들을 유혹할 수 있는 제목을 만들어야 한다. 그들의 관심을 불러일으켜야 당신의 노력이 헛되지 않을 것이다. 헤드라인은 한 줄만 읽어도 아래에 어떤 내용이 나올지 충분히 예상할 수 있게 해야 한다.

앞에서 지속적으로 언급하고 있지만 자소서는 추상적 글쓰기가 아니다. 인사 담당자들을 절대 괴롭혀서는 안 된다. 자소서는 그들의 유추 능력을 테스트하는 자리가 아니다. 따라서 헤드라인은 구체적으로, 그리고 눈길을 끌 수 있게 작성해야 한다. 이때 아래의 세 가지 방법이 가장 유용하다.

첫째, 경험과 역량이 드러나도록 작성한다. 간결하게 자신의 경험과 역량을 어필할 수 있다.

○예 : 도쿄 지사의 최초 여성 인턴 직원으로서 인정받은 강인한 도전 정신

둘째, 숫자를 통한 강조 유형이다. 이는 가독성을 한층 높여준다.

○예 : 전 세계 19개국 52개 도시에서 발견한 글로벌 마인드

셋째, 언어유희로 관심을 유발하는 유형이다. 개성 있는 표현을 적고 싶다면 꼭 한번 활용해 보자.

○예 : 소통을 통해 대통을 만들어 내는 인재, 해외 봉사를 성공적으로 마무리하다

2. 자소서 글쓰기 3단계 프로세스

경험을 보다 잘 나타내는 자소서 작성을 위해서는 다음의 3단계 프로세스를 거치는 것을 추천한다. 다음 예시를 통해 3단계 프로세스법을 익혀 보자.

〈예 : 헝가리 대학교 방송반 최초의 아나운서에 도전하다!〉

1) 어릴 적부터 저는 항상 새로운 분야에 도전하는 것을 주저하지 않았습니다.

2) 헝가리 유학 시절, 현지 학생들과 자연스럽게 어울리자는 목표를 세우던 중에 방송반에서 아나운서를 모집하는 공고를 보게 되었습니다.

　　　　　　　　　　　　　　　　Part.1 반드시 합격하는 자소서 쓰기

이를 한국인 친구들에게 이야기하자 언어가 약한 외국인을 방송반에 넣어 주겠냐는 핀잔을 들었습니다. 그러자 더욱 오기가 생겼고, 그러한 편견을 극복하고자 현지 학생들이 관심을 가질 만한 내용을 선정해서 대본을 만들었습니다. 또 방송반에 지원하는 다른 한국 친구를 섭외하여 수백 번 원고를 수정하고 말하는 연습을 했습니다. 아울러 면접에서는 한국인이기 때문에 동유럽 사람들이 좋아하는 K-POP과 한국의 문화에 대해 매우 상세하게 뉴스를 전달해 줄 수 있을 것이라는 당찬 포부를 밝혔습니다. 그 결과 30대 1의 경쟁률을 뚫고 한국인 최초로 형가리 대학의 아나운서가 될 수 있었습니다.

3) 시작하지도 않고 안 될 것이라고 체념하기보다는 아무리 적은 가능성이라도, 단 1퍼센트의 가능성이 있다면 도전하고 최선을 다하는 자세를 배울 수 있었던 소중한 시간이었습니다.

〈상기 예시의 상세 재분석〉 ────────────

1) 첫 번째 단계 - 두괄식으로 작성하라!

첫 줄은 두괄식으로 작성하는 것이 좋다. 위의 예시처럼 "어릴 적부터 저는 항상 새로운 분야에 도전하는 것을 주저하지 않았습니다"라고 쓰는 것이 두괄식 표현이다. 첫 문장에서 자신이 말하고자 하는 핵심 메시지를 정확히 전달해야 인사 담당자가 글을 쉽게 읽을 수 있다는 것을 꼭 명심하길 바란다. 단, 헤드라인과 첫째 줄의 내용이 중첩되는 경우도 발생하는데 그

때는 첫 줄을 지워도 무방하다.

2) 두 번째 단계 – 핵심 내용을 쓰라

글쓰기의 2단계에서는 핵심 메시지에 대한 사례를 바탕으로 글을 풀어가면 된다. 위의 예시에서는 도전이라는 핵심 메시지에 대한 사례를 알려주고 있다.

사례를 작성할 때 중요한 점은 단순히 경험만 나열해서는 안 된다는 것이다. 사례를 작성할 때는 당시에 자신이 처한 상황이 어떠했고, 어려운 점이 무엇이었는지 알려주어야 한다. 그리고 그것을 해소하기 위해 자신이 노력한 부분은 무엇인지를 구체적으로 써야 한다. 구체적으로 제시한 상황에서 어떻게 문제를 해결했는지를 통해 자신이 남다른 역량을 갖추고 있음을 표현해야 한다.

3) 세 번째 단계 – 결론부를 작성하라

글쓰기의 3단계에서는 자신이 했던 경험을 통해 무엇을 배웠는지를 작성하면 된다. 자신이 강조한 역량을 바탕으로 앞으로 회사에서 어떠한 자세로 일할 것인지를 강조해도 좋다. 글자 수가 넘칠 때는 이 부분을 반드시 작성할 필요가 없을 수도 있다.

가장 안 좋은 글은, 사례는 빈약한데 그 경험을 통해 배운 점을 너무 장황하게 나열하는 경우다. 정리하는 차원의 문장은 가급적 한 문장으로 간결하게 써야 함을 잊지 말기를.

3. 작성은 빠르게, 퇴고는 세심히!

효과적인 자소서를 작성하기 위해 생각나는 대로 빠르게 써 보는 연습을 해 보자. 예를 들어 도전, 창의, 팀워크, 배려, 글로벌 마인드, 전문성, 직무 경험, 성공, 열정 등과 같은 특정 키워드를 잡는다. 그리고 각각의 항목에 맞는 사례를 생각나는 대로 일단 빠르게 써본다. 생각이 안 나면 일단 넘어가도 좋다. 정해진 글자 수도 신경 쓰지 말고 그냥 적어 내려간다.

이렇게 작성한 글을 이제는 이른바 '영혼을 담아' 세심하게 퇴고를 한다. 먼저 불필요한 수식어는 모두 지운다. 마치 잔가지를 쳐내듯 말이다.

다음으로 긴 문장은 두 문장으로 나눈다. 연결 어구를 활용해서 긴 문장을 단문으로 줄이면 잘 읽힌다. 만연체를 피하는 것이 좋다. 아울러, 또한, 그리고, 더불어, 그러나 등의 접속어를 충분히 사용하는 것을 추천한다.

그 다음으로는 중복되는 내용도 지운다. 중언되는 표현을 지우라는 것이다. 이미 한 말을 다시 또 해 보았자 그게 그거다. 그리고 각 항목에서 요구하는 것이 충실히 반영되었는지 확인하고 없는 내용은 꼭 채워 넣어야 한다.

마지막으로 글자 수를 조절하자. 대체로 요구하는 글자 수의 90퍼센트가 최적이다. 이렇게 두 번 정도 퇴고해 보고 완성되었다고 여겨지면 당당히 제출하자. 오랜 시간 들여다보고 있다고 해서 더 좋은 자소서가 나오는 것이 아님을 꼭 기억하라!

본격적인 자소서 항목 작성법

:

'성장 과정, 장단점, 지원 동기, 경험, 입사 후 포부' 잘 쓰는 법!

성장 과정

성장 과정은 의외로 쓰기 힘든 항목이다. 취준생 대부분이 성장 과정을 가볍게 생각한다. 다른 항목에 비해 쉽게 접근할 수 있다고 생각하는 것이다. 그러나 모두가 성장의 과정을 겪지만, 그것을 글로 풀어내는 것은 쉬운 일이 아니다. 성장 과정이라는 질문 자체가 모호하기 때문에 각자가 알아서 성장 과정을 해석해 작성하는 경우가 많기 때문이다.

물론 회사에 따라서 정확한 가이드라인을 주는 경우도 있다. 예컨대 자신이 살아오면서 가장 중요했던 일이나 가장 힘들었던 경험을 성장 과정에 작성하라고 하는 경우가 있다. 혹은 본인을 왜 뽑아야 하는지 성장 과정을 통해서 설명하라고 하는 경우도 있다. 기업에 따라서는 가정 환경적인 면에서, 혹은 유년 시절부터 중고등학교까지의 모습을 작성하라고 하기도 한다.

성장 과정을 작성할 때 가장 근접한 답은 아무래도 기업이 제시한 가이드대로 하는 것이 중요하다. 하지만 대체로 기업들은 가이드를 주지 않는다. 그럴 때는 왜 자신을 채용해야 하는지를 역량 중심으로 작성하는 것이 좋다. 자, 성장 과정에서의 아래 공식을 잊지 마시라!

● 성장 과정 = 본인을 기업이 왜 채용해야 하는지 역량 중심으로 설명

결론적으로 당신이 가장 뻔하게 쓰면 절대 안 되는 자기소개서 문항이 바로 '성장 과정'이라 할 수 있다. 기업에서 지원자들에게 성장 과정을 물어보는 의도는 다름 아닌 당신이 가지고 있는 '직업관'과 진로를 정하게 된 '계기'가 궁금해서다.

회사가 성장 과정을 통해 지원자들로부터 알고 싶은 것은 크게 세 가지다. 첫째, 부모님으로부터 영향을 받은 가치관이나 인생관, 그리고 그로부터 생긴 직업관이 무엇인가? 둘째, 진로를 결정하게 된 계기가 무엇인가? 셋째, 학창 시절 어떤 사람이었는가?

즉, 과거를 통해 지원자의 성격이나 성향을 유추하고 이후 회사 생활을 하면서 어떤 모습을 보일지 짐작해 보려는 것이다. 그러니 부모님이나 가

족 관계 위주로 소개하는 것보다는 '나'에 초점을 맞추어 작성하는 것이 좋다.

최고의 '성장 과정' 작성법 1 : 선택과 집중을 하라!

성장 과정을 쓸 때는 20년 넘게 성장해 왔던 과정 전체를 서술하려 하기보다는 기업과 직무에 연관되는 특정 사건이나, 나에게 영향을 준 인물

●●● **성장 과정-1** ✕

1. 성장 과정을 물어보는 의도:
   직업관과 진로를 정하게 된 계기가 궁금한 것!   ▼ Q

성장 과정이 정말로 가족 관계가 어떤지, 부모님은 어떤 분들인지를 물어보는 문항이라고 생각하면 위험합니다. 성장 과정을 통해 언제 어떤 계기로 직업관과 진로를 정하게 되었는지를 듣고 싶은 것입니다. 또한 학창 시절의 모습을 통해 미래를 유추해 볼 수도 있기 때문에 물어보는 것입니다. 그렇다면 여기에 맞게 답변을 해야겠죠?

2. 성장 과정 작성하기 1단계: 선택과 집중!   ▼ Q

20년이 넘는 나의 인생 전체를 담으려고 하기보다는 기업과 직무에 연관되는 특정 사건이나 나에게 영향을 준 인물 위주로 작성하는 것이 좋습니다. 그렇기 때문에 그 사건이나 인물을 선택하는 작업이 우선 필요합니다.

위주로 작성하는 방법을 선택하는 것이 좋다.

앞에서 이야기한 것처럼 살아가는 데 중요하게 여기는 가치, 그 회사나 직무를 선택하게 된 특정한 계기와 그것에 영향을 준 사건, 공부 외에 했던 활동이나 거기에서 얻은 교훈을 위주로 무엇을 쓸지 결정하는 것이 좋다.

최고의 '성장 과정' 작성법 2 : 특정 사건이나 인물 위주로 서술하라!

나의 성장 과정 중 긍정적인 영향을 준 경험 두 가지 내외나 어떤 인물을 선택하여 성장 과정을 기술할 수 있다. 이때 기업의 인재상이나 지원 직무의 핵심 역량을 체득할 수 있었던 경험이면 더욱 좋다.

아울러 롤모델을 제시하고 싶다면 그 롤모델이 누군지, 왜 이 사람이 나의 롤모델이 되었는지, 이 사람에게서 본받을 점과 이를 내가 앞으로 업무를 할 때 어떻게 활용하고 싶은지를 함께 언급해 주어야 한다.

최고의 '성장 과정' 작성법 3 : 경험들의 공통점을 요약하라!

분량이나 내용 전개상 두세 가지 경험을 작성하는 경우 이것들의 연관성이 반드시 있어야 한다.

예를 들어 나의 지원 직무가 영업일 때, 핵심 역량을 '소통' 능력이라 정의했다고 가정해 보자. 그렇다면 학창 시절 학급에서 선생님, 친구들, 학부모님들 모두와 소통해 행사를 성공적으로 치렀던 경험, 그리고 대학생 때 마트 아르바이트를 하면서 점장님과 적극적으로 소통하며 손님들의 불편 사항을 개선해 매출을 올렸던 경험을 '소통'이라는 키워드로 연

3. 성장 과정 작성하기 2단계: 특정 사건이나 인물 위주로 서술하기! ▼ Q

나의 성장 과정 중 긍정적인 영향을 준 두 가지 경험 내외를 선택하여 기술합니다. 이때 기업의 인재상이나 지원 직무의 핵심 역량과 연관되는 경험이면 더욱 좋습니다.

성장 과정에서 나에게 영향을 준 인물 위주로 작성하고 싶다면 가치관 형성이나 직업을 선택하게 된 계기가 되어 준 롤모델을 선정할 수 있습니다. 이때는 롤모델이 누군지, 왜 이 사람이 나의 롤모델이 되었는지, 본받을 점과 이것을 업무에 어떻게 적용하고 싶은지를 쓸 수 있습니다.

4. 성장 과정 작성하기 3단계: 경험들의 공통점을 요약하기! ▼ Q

분량이나 내용 전개상의 이유로 두세 가지 경험을 작성했다면 이것들에는 반드시 연관성이 있어야 합니다.

예를 들면 나의 지원 직무가 영업일 때 핵심 역량을 소통 능력이라 꼽았다고 합시다. 그렇다면 학창 시절 학급에서 선생님, 친구들, 학부모님들 모두와 소통하여 행사를 성공적으로 치렀던 경험, 그리고 대학교 때 마트 아르바이트를 하면서 점장님과 적극적으로 소통하며 손님들의 불편 사항을 개선해 매출을 올렸던 경험을 연결할 수 있을 것입니다.

결할 수 있을 것이다.

자기소개서를 작성할 때는 자신의 경험 위주로 쓰다 보니 이를 명확하게 드러낼 수 있는 구조화 방법으로 앞에서 소개한 'START 기법'이 손꼽힌다. START 기법은 그 일이 있었던 '상황Situation'과 그때의 '과제Task', 그리고 나의 '행동Action', 이후 최종적인 '결과Result'와 그 상황을 통해 얻은 '교훈과 느낌Taken'을 쓰는 방식을 지칭한다.

성장 과정 역시 회사와 직무와 연관되는 역량을 꼽아 이를 중요하게 생

●●● 스타트 기법 TIP! ✕

〈START 기법〉으로 명확하게 '경험' 작성하기! ▼ Q

Situation/상황 [그 일이 있었던 상황] 어떤 일이 있었는가?
Task/과제 [그때의 과제] 그때 해결해야 할 문제는 무엇이었는가?
Action/행동 [나의 행동] 그래서 나는 무엇을 했는가?
Result/결과 [상황이 종견된 후] 최종적인 결과가 어떻게 되었는가?
Taken/교훈 [나의 느낀 점] 그 상황을 통해 어떤 교훈을 얻었는가?

각하게 된 계기인 경험 한두 개를 START 요소에 맞추어 설명할 수 있다.

지금까지 성장 과정 잘 쓰는 법을 알아보았다. 비법을 익힌 만큼 앞으로는 더 이상 "저는 ○남 ○녀 중 막내로 태어나~"와 같은 식상한 문구는 쓰지 않기를 바라며 이번 이야기를 마친다.

다음 표는 성장 과정 작성법에 대해 일목요연하게 정리한 요약이다.

1. 성장 과정은 지원자의 과거를 통해 입사 후 모습을 유추해 볼 수 있고, 직업관이나 진로를 정하게 된 계기도 궁금해서 물어보는 문항입니다.
2. 나의 탄생부터 오늘까지 인생 전체를 설명하기보다는 특정 사건이나 인물에 관한 이야기를 선택하여 작성하는 것이 좋습니다.
3. 특정 사건 위주로 작성하고 싶다면 나에게 긍정적인 영향을 준 두 가지 경험 내외를 선택하되, 지원하는 기업의 인재상이나 직무의 핵심 역량과 연관되면 더욱 좋습니다.
4. 나에게 영향을 준 인물 위주로 작성하고 싶다면 나의 롤모델을 선정해 왜 그 사람이 나의 롤모델인지, 무엇을 본받고 싶고 앞으로 회사 생활하면서 그 점을 어떻게 적용하고 싶은지 등을 쓸 수 있습니다.
5. 두세 가지 경험을 작성했다면 그것에 공통점을 찾아 연결, 요약하는 작업이 필요합니다.

성격의 장단점

성격의 장단점은 직무에 맞는 장단점을 기술하라는 말과 동의어다. 따라서 성격의 장점 또한 성장 과정과 같은 맥락에서 작성하면 된다. 기왕이면 장점을 쓸 때는 직무와 인재상을 미리 조사해서 회사가 어떤 사람을 선호하는지 알아보기를 권한다. 직무와 인재상을 파악한 다음에 기업이 필요로 하는 자신의 장점을 설명하는 것이 효과적이다.

성격의 장점을 기술할 때는 반드시 특정 에피소드 중심으로 작성해야 한다. 단순 설명으로는 산전수전 다 겪은 인사 담당자를 설득시킬 수 없다. 따라서 단순한 설명 방식으로 쓰는 것은 지양하기를 바란다.

이런 점에서 성격의 장점도 자신의 경험이 충분히 배어난 이야기를 써야 한다. 경험을 작성할 때는 아주 큰 성과를 낸 경험을 쓸 필요는 없다. 자신의 성향과 기질이 진솔하게 드러난 경험을 작성하는 것이 효과적이다.

많은 지원자가 자신의 장점은 그런대로 잘 설명한다. 그러나 자신의 단점을 말하라고 하면 적잖이 당황한다. 그렇다. 단점은 결코 자기 자신을 PR할 만한 영역은 분명 아니다! 그럼에도 많은 지원자는 단점 부분에서도 자신을 PR하려고 애를 쓴다. 일반적인 단점을 쓰면 역효과 아니냐고 나에게 따져 묻는 취준생도 있었다. 그럴 때마다 나는 단점을 왜 어필하려는지 오히려 반문한다.

또한 너무 장점 같은 단점을 쓰는 경우도 많다. 예를 들어, "저는 책임감이 너무 강해서 큰 중압감으로 다가올 때가 있습니다. 그러나 이러한 책임감은 실제 업무 시 조직에 큰 도움이 될 수 있으므로 입사 후에는 적극적으로 책임감을 보여 드리겠습니다"라는 표현을 많이 쓴다. 물론 상황에 따라서 귀엽게(?) 봐줄 수도 있으나 면접에서는 솔직하지 못하다고 집중포화를 받을 수도 있다.

그렇다면 진짜 단점을 세세히 써야 할까? 그렇지는 않다. 불필요하게 자신의 단점을 극대화하면 탈락할 수도 있음을 잊지 말라. 이에 괜찮은 단점을 몇 개 소개한다. 나는 써도 괜찮은 단점을 정의할 때 크게 두 가지 요소를 중요하게 생각한다.

첫째, 인간관계에서 문제의 소지가 없는 단점이다. 둘째, 업무를 수행하는 데 문제가 없는 단점이다. 이 두 가지 요소를 만족할 때 괜찮은 단점이라 정의 내린다.

성격의 장단점을 기술하는 항목은 사실 오래전부터 자기소개서 문항에 단골로 나온 부분이다. 그러나 앞서 언급했듯이 많은 지원자가 작성에 골머리를 앓기도 하는 문항이다. 무엇보다 정말 솔직하게 내 단점을 다 말해도 되는지 고민되기 때문이다.

기업이 이런 질문을 하는 데에는 막연하게 '착한 사람'을 뽑고 싶어서가 아니라, 회사와 잘 '맞는 사람'을 찾고 싶어서이다. 다음 내용에서는 자소서의 〈성격 장단점〉 부분을 어떻게 하면 더욱 잘 쓸 수 있는지 자세히 살펴본다.

'장점' 잘 쓰는 법 1: 직무에 맞는 장점을 어필하라!

앞에서 이야기한 것처럼 성격의 장단점을 작성할 때는 인간적인 면을 너무 솔직하게 쓰는 것보다 회사 생활이나 직무에 적합한 면을 강조해서 작성하는 것이 중요하다.

예컨대, 영업 직무에 지원하는데 '성격이 차분하여 오랜 시간 한자리에 있어도 힘들지 않다'와 같은 면을 장점으로 내세우는 것은 어울리지 않는다. 여러 사람과 교류해야 할 일이 많은 영업직의 특성에 맞게 친화력과 소통 능력이 우수하다 등과 같은 면을 강조하는 것이 좋다.

'장점' 잘 쓰는 법 2: 기업과의 연관성을 찾아라!

우리가 익히 예상하듯 보통 인사 담당자들은 자소서에서 기업의 이름만 바꾸면 다른 기업에도 지원할 수 있을 만한 막연하고 추상적인 내용을 싫어한다. 따라서 뻔하지 않은 자소서를 쓰기 위해서는 장점을 작성할 때도 기업과 나의 연결고리가 필수적으로 드러나야 한다.

그 방법의 하나로, 나의 장점을 지원한 회사의 특성과 연결할 수 있다. 지원한 기업의 핵심 가치나 인재상에 맞는 내 성격의 장점을 강조하는 것이다. 이렇게 오로지 그 기업의 자소서 문항에서만 작성할 수 있는 내용을 쓰면 다른 지원자들과도 차별화가 되는 등 유익한 점이 많다.

'장점' 잘 쓰는 법 3: 성격 장점에도 구체적인 근거를 제시하라!

자소서의 성격 장단점을 쓸 때도 특정 사건이나 경험을 기반으로 이야기해야 하는 것을 꼭 기억해야 한다. 단순히 "저의 장점은 ○○○입니다!"라고만 이야기하는 것은 근거가 없는 공허한 메아리, 고요 속의 외침이기 때문이다. 그러므로 구체적인 경험 사례와 예시를 포함하여 설득력 있게 작성하는 것이 무엇보다 중요하다.

만약 친화력이 좋다는 장점을 자소서에 썼다면 "매장에서 아르바이트할 때 다양한 연령대의 손님들과 이야기를 나누기 위해 매일 뉴스를 읽으며 출근했다. 그중 50대 남성 고객에게 응대를 잘해서 이후 단골이 되어 가족이나 친구분들을 많이 소개해 주셨고, 그 결과 ○○퍼센트의 매출을 신장시켰다"와 같은 예시를 쓸 수 있다.

1. 성격의 장점 쓰는 법 1: 직무에 맞는 장점을 어필할 것!　▼ Q

성격의 장단점을 작성할 때 주의할 점은 인간적인 면을 솔직하게 쓰는 것이 중요한 게 아니라 회사 생활이나 직무에 적합한 면을 강조해서 작성하는 것이 중요합니다.

예를 들어 영업 직무에 지원하는데, '성격이 차분해 오랜 시간 한자리에 있어도 힘들지 않다' 같은 면을 장점으로 내세우기에는 맞지 않지요. 여러 사람들과 교류해야 할 일이 많은 영업직의 특성에 맞게 '친화력이 좋다' 같은 면을 강조하는 것이 좋습니다.

2. 성격의 장점 쓰는 법 2: 기업과의 연관성을 찾을 것!　▼ Q

만약 지원 직무와 연관되는 장점을 찾기가 힘들다면 지원한 기업의 핵심 가치나 인재상에 맞는 장점을 강조해도 좋습니다. 이것은 지원 기업과 나의 연결 고리를 만들어서 오로지 그 기업의 자기소개서에만 작성할 수 있는 내용이 되기 때문에 차별화가 가능해집니다.

3. 성격의 장점 쓰는 법 3: 구체적인 근거를 반드시 제시할 것!　▼ Q

성격의 장단점을 쓸 때도 특정 사건이나 경험을 기반으로 이야기해야 하는 것을 잊지 말아야 합니다.

만약 친화력이 좋다는 장점을 썼다면, '매장에서 아르바이트를 할 때 다양한 연령대의 손님들과 이야기를 나누기 위해 매일 뉴스를 읽으며 출근했고, 그중 50대 남성 고객에게 응대를 잘해서 이후 단골이 되어 가족이나 친구분들을 많이 소개시켜 주셨다'와 같은 예시를 쓸 수 있습니다.

자, 그렇다면 장점보다 더 쓰기 어려운 단점은 어떻게 써야 할까? 어떻게 하면 어색하지 않고, 또 치명적이지 않으면서도 자신에게 유리하게 단점을 이야기할 수 있을까? 이어지는 내용에서는 단점에 대해 잘 쓰는 핵심 비법을 소개한다.

'단점' 잘 쓰는 법 1: 치명적인 단점은 쓰지 마라!

면접관들이 솔직한 지원자를 좋아하는 것은 사실이다. 그러나 솔직하게 쓰기 위해 치명적인 단점을 자소서에 여과 없이 이야기하는 것은 매우 매우 위험하다.

그렇다면 무엇이 '치명적'인 단점일까? 회사 생활이나 직무 기준에서 생각하면 명확하다. 예를 들어, 고객들과의 신의가 중요한 은행 직원에 지원하면서 "약속 시간에 잘 늦는 편이지만 친한 친구들은 이해해준다"와 같은 단점을 쓰면 안 되는 것이다.

그리고 회계 분야처럼 정확성이 중요한 직무에 지원하면서 자소서 단점에 "성격이 급하고 다소 덜렁대는 면이 있다"라고 쓰면 아주 치명적인 결과를 낳게 된다. 따라서 내가 할 직무와의 연관성을 꼭 고려해서 단점을 기술하는 것이 가장 중요하다고 할 수 있겠다.

'단점' 잘 쓰는 법 2: 과거는 단점, 현재는 극복 중인 것을 쓸 것!

당신을 비롯해 지원자 대다수는 앞서 1번의 내용을 보면서 '아니, 그렇다면 대체 치명적이지 않은 단점은 무엇일까?' 하는 고민에 빠질 것이다.

이쯤 되면 '무난한 단점은 어떤 것을 써야 할까?' 하는 고민이 충분히 들 수 있다. 그럴 때는 단점을 극복 방안과 함께 쓰면 해결된다.

일례로, "학창 시절 다양한 사람들과 어울리면서 여러 부탁을 받게 되었는데 거절을 잘 못해 난감한 상황이 생겼다. 그 이후로 A, B, C라는 기

• • • '성격의 단점' 부분 잘 쓰는 법   ✕

1. 성격의 단점 쓰는 법 1: 치명적인 단점은 NO!   ▼ Q

솔직하게 쓰기 위해 치명적인 단점을 여과 없이 이야기하는 것은 위험합니다. '치명적'이라는 것은 회사 생활이나 직무 기준에서 생각해 볼 수 있습니다. 고객들과의 신의가 중요한 은행 직원에 지원하면서 '약속 시간에 잘 늦는 편이지만 친한 친구들은 이해해 준다'와 같은 단점을 쓰면 안 됩니다. 회계 같은 정확성이 중요한 직무에 지원하면서 '성격이 급하고 덜렁대는 면이 있다'고 하면 안 되는 것이죠.

2. 성격의 단점 쓰는 법 2: 과거의 단점 현재는 극복 중인 것을 쓸 것!   ▼ Q

그렇다면 어떤 단점을 써야 할까? 고민될 수 있습니다. 그럴 때는 지원 직무에 치명적이지 않은 단점을 극복 방안과 함께 씁니다.
'학창 시절 다양한 사람들과 어울리면서 여러 부탁을 받게 되었는데, 거절을 잘 못해서 난감한 상황이 생겼다. 그 이후로 A, B, C라는 기준을 정해 두고 상대방의 기분을 해치지 않는 대화법을 연구해 원만한 관계를 유지하면서 거절하는 방법을 터득하게 되었다.' 이처럼 작성하는 방법이 있습니다.

준을 정해 두고 상대방의 기분을 해치지 않는 대화법을 연구해 원만한 관계를 유지하면서 거절하는 방법을 터득하게 되었다"와 같이 작성하는 방법이 있다.

지금까지 자소서의 〈성격 장단점〉 문항을 잘 쓰는 방법에 대해 배워보았다. 아래 핵심 요약 부분도 잘 익혀서 앞으로는 성격의 장단점 문항에 당황하지 말고 유연하게 대처하자.

••• '성격의 장단점' 잘 쓰는 법 핵심 요약 ✕

1. 성격의 장점을 쓸 때는 직무에 적합한 면을 강조해서, 또는 기업의 핵심 가치나 인재상에 맞는 것을 작성합니다. 이때 나의 성격을 뒷받침해 줄 수 있는 구체적인 상황을 예시로 들어 주면 좋습니다.
2. 성격의 단점을 쓸 때는 회사 생활이나 직무 수행에 있어서 지나치게 치명적이지 않은 점을 선택합니다. 또한 단점을 극복하기 위해 어떤 노력을 하고 있는지 함께 제시합니다.

지원 동기와 업무상 강점

자소서를 작성할 때 가장 먼저 해야 할 영역은 어디일까? 당신이 짐작하듯이 그 답은 바로 '지원 동기' 항목이다. 이는 자신이 해당 기업에 왜 입사하려고 하는지 밝히는 부분이자 인사 담당자가 무조건 가장 먼저 확인하는 영역이다.

절대 다수의 심사위원들은 지원 동기 부분에서 당신을 합격시켜야 할 특별한 이유를 찾지 못하면 굳이 다른 항목을 읽을 이유도 없다고 여긴다. 실제로 그렇다. 앞서 반복해서 말했지만, 인사 담당자들은 우리의 정성 어린 자소서를 길게는 2분, 짧게는 고작 30초 정도만 읽는다는 것을 반드시 기억하라.

그렇기 때문에 지원 동기 항목에 자신이 갖고 있는 가장 좋은 것들을 잘 버무려야 한다. 그런데 반대로 행동하는 지원자가 부지기수다. 이는 지원 동기 항목이 다른 항목보다 어렵고 까다롭게 느껴져서, 일단 쉽게 보이는 다른 부분부터 먼저 쓰고 지원 동기로 넘어가고자 해서 그렇다. 그러다 보니 중요한 내용을 이미 다 사용해서 정작 지원 동기에는 그다지 임팩트를 줄 문장이나 쓸 말이 없는 상황에 직면한다.

다시 한 번 강조하지만 지원 동기를 꼭 먼저 쓰고 다른 항목으로 넘어가라! 이것을 절대 잊지 말라. 그리고 자신이 강조할 수 있는 최고의 경험을 지원 동기에 반드시 배치하라! 이것이 경쟁이 치열한 취업시장에서 자신에게 이목을 집중시킬 수 있는 최고의 자소서를 작성하는 핵심 요소다.

기업에 따라서는 지원 동기 항목에서 단순히 "지원 동기를 작성하라"고 하는 경우도 있고, 어떤 기업들은 "왜 우리 회사에 지원했고, 회사와 직무를 위해 준비한 것 혹은 자신만의 강점을 기술하라"고 요구한다.

따라서 어떤 회사든 지원 동기를 작성할 때는 '지원 동기 = 왜 우리 회사에 지원했고 우리 회사와 직무를 위해 본인이 준비한 것 혹은 강점 기술'이라 생각하고 작성해야 완벽하다. 자, 아래 공식을 잊지 마시길!

- 지원 동기 = 내가 이 회사에 지원한 이유, 내가 이 회사와 맡을 직무를 위해 준비한 것 혹은 나만의 강점을 기술하는 것

지원 동기 항목은 인사 담당자가 가장 중요하게 생각하지만 취준생들에게는 가장 어려운 문항이기도 하다. 이어지는 내용에서는 지원 동기를 잘 쓰는 방법에 대해서 보다 심층적으로 이야기해 보고자 한다.

사실 취업하고자 지원한 사람으로서 가장 솔직한 지원 이유는 '돈'을 벌기 위해서다. 그러나 채용하는 사람의 입장에서는 요즘 신입 사원들의 퇴사율도 높아지고 있는 추세이다 보니 아무래도 '왜 하필이면 우리 회사에 지원했을까?'를 듣고 싶어 할 수밖에 없다.

이러한 일반론에 입각해서 '지원 동기'를 어떻게 하면 잘 쓸 수 있는지 실질적인 스킬 위주로 설명하면 다음과 같다.

첫째, 본인의 직업관과 회사의 비전을 함께 고려하여 '꼭 이 회사여야만 하는 이유'를 찾아라!

직업관이란 회사를 선택하는 본인만의 기준이다. 자기소개서를 작성하기 전에 이제까지 겪어왔던 여러 경험 중 어떤 요인이 나의 직업관에 영향을 미쳤는지 고민해 보고, 자신의 좌우명이나 삶의 기준을 정립하는 시간을 갖는 것이 꼭 필요하다.

그리고 이것을 회사의 비전과 문화, 인재상, 경영 철학, 사업 방향성 등에 맞추어 지원 동기를 구성하면 된다. 예를 들어, 업계를 선도하고 혁신하는 기업에 가고 싶다는 기준이 있는 사람은 지원 회사의 인재상 중 '창의성'이라는 요소나 획기적인 시도를 했던 사업 내용을 바탕으로 지원 동기를 작성한다.

둘째, 직무에 필요한 '핵심 역량'과 알맞은 '경험과 사례'를 작성하라! 이 경우에는 먼저 지원한 직무에서 필요한 핵심 역량을 알아보아야 한다. 그런 다음 자신의 성격이나 경험 중 이와 알맞은 점을 찾아 '이러한 이유로 이 직무에 지원했다'라고 작성하면 된다.

예를 들면, "마트 아르바이트를 했을 때, 고객별 특성에 따라 응대 방법을 달리했다. 이 방법을 통해 판매율이 ○○퍼센트가 높아졌다. 이 경험을 통해 영업직에서 필요한 고객 맞춤형 커뮤니케이션 방법을 터득하게 되었고, 이러한 이유로 ○○의 영업직에 지원하게 되었다"와 같이 작성한다.

셋째, '회사-직무-본인' 간의 적합성을 구체적으로 이야기하라!

이때 "업계 1위이기 때문에" "선도 기업이어서" 같은 지원 동기는 사실 누구나 쓸 수 있는 평범한 내용이다. 따라서 이와 같은 막연한 찬양보다는 구체적인 경험과 근거를 통해 회사와 직무, 그리고 본인과의 적합성을 어필하는 것이 좋다.

넷째, 실현 가능한 목표와 비전을 함께 제시하라!

요즘은 지원 동기와 입사 후 포부를 함께 물어보는 회사가 점차 늘고 있다. 이는 어떤 이유로 이 회사에 지원했고, 그래서 앞으로 어떻게 하고

1. 직업관을 제시할 것! ▼ Q

직업관이란 회사를 선택하는 자신만의 기준입니다. 자신의 기준과 지원한 기업이 어떠한 연관성을 가졌는지 인재상 혹은 기업의 가치, 경영철학, 사업 방향성 등을 이용하여 지원 동기를 작성해야 합니다. 한마디로 자신의 뚜렷한 기준뿐만 지원하는 회사가 어떤 회사인지도 잘 알아야 제대로 작성할 수 있는 것입니다.

2. 지원 직무의 핵심 역량에 맞게 쓸 것! ▼ Q

핵심 역량이란 지원 직무를 성공적으로 수행할 수 있는 능력입니다. 직무에 대한 지원 동기는 이러한 핵심 역량을 갖추고 있음을 어필하는 것입니다.
지원 직무에 대한 지원 동기를 쓸 때는 핵심 역량을 먼저 밝힌 후, 그러한 능력이 중요한 이유와 함께 핵심 역량을 체득할 수 있었던 경험 한두 개를 중심으로 기술합니다.

3. 막연한 찬양은 금물! ▼ Q

'선도 기업이기 때문에' '우리나라 최고 기업이므로'와 같은 막연한 찬양이나 '시켜만 주신다면' '무엇이든 열심히'와 같이 조건부 서술은 준비되지 않은 인상을 줄 수 있으므로 지양하는 것이 좋습니다.
대신 기업에 대해 이야기를 하고 싶다면 현재 어떻게 기업이 운영되고 있고, 향후 어떤 목표가 있으며, 이것이 자신의 기업관과 어떻게 부합하는지 구체적으로 서술합니다.

싶은지를 듣고 싶은 것이다.

그럴 때는 앞에서 말했던 것처럼 회사와 직무, 나의 경험을 살려서 구체적인 지원 동기를 밝혀주고, 거기에 맞는 향후 목표를 제시하는 것이 좋다. 특히 입사 후 포부를 쓸 때는 몇 년 안에 어떤 것을 달성하고 싶은지 현실성 있는 기간과 목표치를 보여준다면 읽는 사람에게 좋은 인상을 남겨 줄 수 있다.

다섯째, 경험을 쓸 때는 선택과 집중을 해서 한두 개만 쓰되, 반드시 '상황-결과-교훈'을 담아라!

아울러 다양한 경험을 이야기하고 싶은 마음에 여러 가지 경험들을 나열식으로 쓰는 것보다는 '지원 동기'에 알맞은 경험 한두 가지를 집중해서 쓰는 것이 좋다.

특히 인사 담당자에게 보다 큰 신뢰감을 줄 수 있도록 해당 경험이 어떤 상황이었는지, 그 상황에서 무엇을 어떻게 했는지, 그 결과 어떤 교훈을 얻었는지를 '성장 과정' 쓰는 법에서 살펴본 'START 기법'에 맞추어 명확하게 작성한다.

'START 기법'이란 '성장 과정' 항목에서 설명했듯이 Situation(상황), Task(그때의 과제), Action(나의 행동), Result(그 결과), Taken(어떤 교훈을 얻었는지)을 쓸 수 있는 글쓰기 구조화 방법 중 하나이다. 상세 내용은 성장 과정 편을 참조하시라.

여섯째, 기업을 분석과 업계 동향을 파악해 '이 회사에 지원한 이유'의 근거로 삼아라!

4. 목표/비전을 피력할 것! ▼ Q

입사하기 위한 '지금'까지의 노력뿐만 아니라 '입사 후' 한 조직의 구성원으로서 어떻게 성장하고, 기업 발전에 어떤 역할을 하고 싶은지 서술하도록 합니다. 이러한 것을 함께 보고 싶은 회사에서 하는 질문이 "지원 동기 및 입사 후 포부"라고 할 수 있습니다. 이런 경우에는 실천 계획이 상세히 들어가 있어야 합니다. 만약 지원 동기와 입사 후 포부를 따로 물어본다면 지원 동기에서는 향후 목표와 비전에 대해서는 간략하게 작성해도 무방합니다.

5. 선택과 집중은 필수!! ▼ Q

경험을 쓸 때도 여러 가지를 나열하는 식의 서술은 마이너스 요인이 됩니다. 단 하나의 경험이라도 그 경험을 통해 무엇을 배웠는지에 집중해 보세요! 경험을 서술하는 방법의 하나로 START 기법을 알려드렸습니다. Situation 상황, Task 그때의 과제, Action 나의 행동, Result 결과, Taken 어떤 교훈을 얻었는지 쓰는 방법이지요. 지원 동기를 쓸 때도 START 기법을 활용해 보세요.

6. 기업 분석은 지원 동기에 타당성을 높여 줍니다. ▼ Q

지원 동기의 본질적인 물음은 '왜 우리 기업에 지원했는지 궁금하다'입니다. 따라서 아무리 지원자가 능력이 있어도 인사 담당자에게 이 기업이 아니면 안 되는 이유를 명확히 전달하지 못하면 매력적이게 보이지 않습니다. 그래서 지원자는 기업 분석 및 업계 동향을 파악해야 합니다. 그 속에서 지원 기업만의 특별한 가치를 찾아내 그것이 지원 동기와 이어지도록 이야기해야 하기 때문입니다.

지원 동기를 물어보는 문항의 본질은 '많은 회사, 업계의 다른 회사가 아닌 해당 회사를 선택한 이유'가 궁금해서이다. 따라서 기업을 분석하고 업계 동향을 파악하는 것이 중요하다.

먼저, 회사 홈페이지에 들어가 '회사 소개'나 'CEO의 글' 등을 보면서 지원하고자 하는 기업이 어떤 비전을 갖고, 어떤 사업을 추진하고 있는지를 살펴본다. 그리고 지원하는 회사가 속해 있는 업계에서 어떤 기술이나 트렌드가 화두가 되고 있는지를 공부한다.

••• '지원 동기' 잘 쓰는 법 핵심 요약 ✕

1. 나의 직업관은 무엇인가? 그리고 이것이 회사의 가치, 경영 철학, 사업 방향성, 비전 등과 어떻게 일치하는가를 서술합니다.
2. 지원 직무의 핵심 역량은 무엇인가? 그리고 이것을 갖추기 위해 어떤 경험을 했는지 한두 가지 사례에 집중하여 제시합니다.
3. 막연한 찬양이나 조건부 서술은 되도록 쓰지 않습니다. 자기소개서는 최대한 구체적으로 쓰는 게 좋다는 것을 항상 명심하세요!
4. 지원 동기는 입사를 위해 이제까지 무엇을 했는지에 관한 것이라면 입사 후 어떻게 하고 싶은지도 함께 서술하면 좋습니다. 만약 입사 후 포부를 별도의 문항으로 물어본다면 간략하게 작성합니다.
5. 경험을 쓸 때는 한 가지를 쓰더라도 구체적으로 명확히, 그를 통해 느낀 점과 교훈까지 써 주는 것이 좋습니다.
6. 나의 능력을 일방적으로 자랑하기보다는 기업을 분석한 뒤 기업에서 필요로 하는 인재상에 맞는 나의 모습을 어필하는 것이 합격률을 높이는 방법입니다.

이를 통해 그 기업만의 특별한 가치를 찾고, 본인의 경험과 직업관에 대비하여 지원 동기를 정리한다. 이것은 읽는 사람에게 그 회사에 지원한 이유뿐만 아니라 회사에 대한 애정과 준비된 자세를 보여줌으로써 긍정적인 인상을 남길 수 있다.

지금까지 지원 동기를 한층 잘 작성하는 방법에 대해 살펴보았다. 아래 표는 이에 대해 일목요연하게 정리한 핵심 요약이다.

입사 후 포부

입사 후 포부는 직무에 대한 온전한 이해가 없으면 쓰기가 참 힘든 항목이다. 그래서인지 지원자 대다수가 입사 후 포부도 매우 어려워한다. 물론해당 분야에서 한 번도 근무해 본 적이 없는데 자신의 커리어 맵을 미리작성하는 것은 결코 쉬운 일이 아니다. 그래서 대체 아래처럼 뻔한 말만나열한다.

"선배님의 말씀을 잘 따르고, 노하우를 익히는 신입 사원이 되겠습니다."
"누구보다 먼저 출근해서 제일 늦게 퇴근하는 신입 사원이 되겠습니다."
"회사의 조직 문화에 누구보다 빠르게 적응하는 신입 사원이 되겠습니다."
"입사 후 대학원에도 진학하여 전문성을 획득하는 신입 사원이 되겠습니다."
"입사 후 5년 뒤에는 MBA 수학을 통해 경영 지식을 마스터하겠습니다."

"입사 후 3년 안에 영어와 중국어를 마스터하여 조직의 성장에 기여하겠습니다."

물론 위의 문장들이 잘못된 것은 아니다. 잘못된 내용이 하나도 없다. 그러나 솔직히 말해서 임팩트 또한 없다. 위 내용들은 특별히 직무에 대한 비전이 없는 누구도 적을 수 있는 포부라 해도 과언이 아니다. 이런 점에서 직무에 대한 명확한 인지와 이해가 필요한 것이다.

해당 산업군의 직무에서 하는 일이 무엇인지 알아야 제대로 된 포부를 작성할 수 있다. 그러므로 당신이 혹시 알고 지내는 현업자가 있다면 망설이지 말고 지금 바로 연락을 취하라. 그리고 직무에 대한 비전을 정확히 묻고 또 물어라.

무엇보다 이 '경험 역량' 항목은 흔한 경험을 귀하고 소중한 경험으로 바꾸어야 하는 부분이기도 하다. 최근에는 대기업의 경우 자기소개서 항목들이 성장 과정, 생활신조, 성격의 장단점, 학교생활과 같은 전형적인 질문만을 하지 않고 자신의 경험을 물어보는 역량 항목 중심으로 변화하고 있다.

역량 항목은 그야말로 회사에서 필요로 하는 역량이나 인재상에 걸맞은 역량을 자소서에서부터 요구하는 것이라 하겠다. 이를 통해 좀 더 능력과 경험을 갖춘, 즉 회사의 맞춤형 인재를 선발할 수 있다는 장점이 있다.

〈경험 역량 항목에서 많이 질문하는 것〉

- 도전 경험
- 갈등을 해결한 경험
- 살면서 크게 성취했던 경험
- 힘들었던 경험
- 창의력을 발휘한 경험

- 팀워크를 발휘했던 경험
- 열정을 가지고 몰입한 경험
- 실패와 그것을 극복한 경험
- 소속감을 가지고 헌신한 경험
- 정직성을 발휘한 경험

위에 나열한 항목을 보면 '인생을 다시 살아야 하나' 하는 후회가 들 정도로 다양하고도 인상 깊었던 경험들을 묻고 있음을 알 수 있다. 그만큼 경험 역량 항목을 작성하는 것은 쉬운 일이 아니다. 아니, 가뜩이나 경험이 부족한데 저 많은 경험을 어떻게 일일이 다 작성할 수 있을까?

어떤 이름 높은 인사는 요즘 대기업들의 자소서 전형은 산전수전에다가 공중전까지 다 겪은 50대들이 작성하기에도 버거운 수준이라고 말한다. 이제 20대 중후반에 접어든 신입 구직자들이 이 각각의 항목에 맞추어 작성하기에는 경험이 절대적으로 부족할 수밖에도 없다. 그럼에도 기업이 요구하는 역량에 걸맞은 경험을 갖춘 지원자가 존재하는 것도 엄연한 현실이다.

아래에서는 기업에서 많이 요구하는 항목을 예로 들어 설명한다.

1. 도전 경험

도전 경험은 기업에서 가장 많이 묻는 항목 1순위이다. 자소서뿐만 아니라 면접에서도 마찬가지다. 살면서 한 번쯤은 도전다운 도전을 누구나 해 본 경험이 있을 것이다. 그것이 어떤 자격증 시험이든 아니면 번지점프와 같은 익스트림 활동이나 오지 여행이든 말이다.

이러한 도전 경험은 목표를 가지고 한 경험이기 때문에 목표를 달성했으면 '성취한 경험', 그렇지 못했다면 '실패한 경험'으로 작성할 수 있다. 또한 목표를 달성하기 위해서 열정을 지니고 몰입했으므로 열정을 발휘한 경험으로 작성할 수도 있다. 그리고 목표를 달성하는 과정에서 힘들고 어려운 난관도 있었을 것이기 때문에 힘들었던 경험도 작성할 수 있다.

따라서 '도전 경험'이라고 하는 하나의 소재가 있으면 아래와 같은 경험을 모두 작성할 수 있다. '도전 경험'의 다음 정의를 꼭 기억하라.

● 도전 경험 = 성취 경험 또는 실패 경험 = 열정을 발휘한 경험 = 어려움을 극복한 경험!

도전 경험 항목에서 때로는 실패의 경험과 성취의 경험을 각각 적으라는 경우도 있다. 그러므로 실패 경험은 하나 정도 더 소재를 마련하는 것이 좋다.

그런데 도전 경험에서 작성하면 안 되는 소재도 있다. 편입이나 재수 등 학업과 관련된 경험이나 다이어트에 도전했다는 경험 등은 가급적이면 기재하지 말라. 지원자의 입장에서는 대단히 힘들었던 도전 경험이었겠지만, 기업의 입장에서 그런 것은 임팩트 있는 인생의 도전 경험이라 생각하지 않는다.

2. 팀워크 경험(공동 활동)

팀 단위로 한 모든 활동은 '팀워크 경험'의 좋은 소재가 될 수 있다. 전공 수업이나 프로젝트, 동아리 활동 등 많은 경험에서 비교적 쉽게 뽑아낼 수 있다. 이 팀워크 경험과 함께 연결할 수 있는 경험이 바로 '갈등 경험'이다.

갈등 경험은 팀 단위의 활동 경험 안에서 발생한 내용을 적는 것이 좋다. 공동의 목표를 달성해 가는 데에서 발생한 갈등을 기재하는 것이 좋다. 내적 갈등이나 친구와의 갈등은 피해야 하는 소재임을 잊지 말자.

● 팀워크 경험 → 갈등을 해결한 경험(팀워크 경험에서 나타난 갈등)

3. 창의력을 발휘한 경험

창의력을 발휘한 경험은 머리를 쥐어짜도 잘 작성하기 힘들다. 그다지 창의적인 활동을 해 본 경험이 많지도 않을뿐더러 했다고 하더라도 평범하다고 여겨지기 때문이다. 여기에서 우리가 기억해야 할 것은 창의력 경험은 유에서 무를 만드는 이른바 '창조 활동'이 아니라는 점이다.

창의력을 발휘한 경험을 기재하라는 말은 기존의 문제를 해결한 개선 경험이 무엇인지를 묻는 것이다. 따라서 막연히 어렵게 생각하기보다는 문제점을 개선했던 경험에서 아이디어적인 부분을 작성하는 것이 좋다.

학교나 가정생활 등 일반적인 실생활에서 개선한 무엇이든 다 소재가 될 수 있다.

또한 새로운 것을 기획한 것도 창의력 경험이 될 수 있다. 기존과 다른 방법으로 아이디어를 가지고 시도한 것도 창의력 경험에 속할 수 있음을 잊지 말자.

● 창의력 경험 → 기존의 문제점을 개선한 경험이나 기존과 다른 방법이나 방식으로 기획한 경험을 의미한다.

이상의 주요 역량 경험 말고도 기업에서는 다양한 형태의 경험을 자기소개서에서 요구한다. 중요한 것은 자신의 입장이 아닌 기업의 입장에서 자신의 경험을 재해석할 수 있어야 한다는 점이다. 내가 생각한 도전이 기업의 입장에서는 전혀 도전적인 일로 보이지 않을 수 있음을 꼭 명심하자. 동아리 활동, 학생회 활동, 인턴 활동, 봉사 활동, 아르바이트 활동, 학교생활, 여행 경험, 어학연수 등 개인의 경험을 바탕으로 역량 항목을 작성하기 바란다.

자소서에서 피할 수 없는 결정적 문항 중 하나가 바로 '입사 후 포부' 문항이라는 것이다. 다음 이어지는 내용에서는 어떻게 하면 '입사 후 포부' 문항을 보다 조리 있고 임팩트 있게 쓸지 정리해 본다.

첫째, 직무에 대한 이해를 나침반으로 생각하라!

입사 후 포부를 이야기하기 위해서는 먼저 지원하는 직무에 대해 명확히 알고 있어야 한다. 구체적으로 어떤 업무를 수행하는지, 어떤 커리어 패스를 가게 되는지를 해당 분야에서 일하고 있거나 성공한 사람들의 사례를 보며 가능한 한 구체적으로 알고 있으면 좋다. 이를 기준으로 잡고 내가 그동안 직무를 수행하기 위해 해 왔던 노력을 더해 앞으로 해 나갈 계획을 세울 수 있다.

둘째, 직무 분석만큼이나 중요한 것은 바로 '자아 성찰!'

예컨대 A라는 직무가 5년의 연차를 쌓은 뒤 B가 되고, 최종적으로 C가 될 수 있다는 것을 알았다고 해서 이를 그대로 입사 후 포부에 쓸 수는 없다. 그게 과연 '나'라면 가능한지 진솔하게 자문해 보아야 하기 때문이다.

그러므로 먼저 '나'를 성찰하면서 내가 B나 C가 되려면 어떤 점을 강화하고 어떤 점을 보완해야 할지를 생각해 보라. 많은 인사 담당자들은 '입사 후 포부' 문항을 지나치게 원대하거나 추상적으로 작성하지 말라고 한다. 자신을 성찰하면서 고민하는 시간을 갖는다면 인사 담당자들이 말하는 현실성 있는 계획을 세울 수 있다.

셋째, 회사의 발전 방향을 염두에 두고 작성하면 더욱 좋다.

자신의 비전과 커리어 패스, 이를 어떻게 발전시킬지에 관한 구체적인 계획 등 이 모든 것은 기업의 비전과 목표와 연결되어야 한다. 자기소개서는 '그 회사에 입사하기 위하여' 작성하는 것이고, 이 문항은 '그 회사에 입사한 후 어떻게 일할지'를 이야기하는 것이기 때문이다.

그러므로 회사의 발전 방향을 염두에 둬서 쓰지 않으면 지원하는 분야에서 어떻게 전문가로 성장하고 싶은지 개인적인 계획을 작성한 것에서

●●● '입사 후 포부' 항목 작성 스킬

1. 직무에 대한 이해는 나침반 같은 것!

입사 후 포부를 잘 쓰기 위해서는 지원하는 직무를 잘 알고 있어야 합니다. 어떤 업무를 수행하며 어떤 커리어 패스를 가는지, 해당 분야에서 일하고 있거나 성공한 사람들의 사례를 보며 자세히 알고 있으면 좋습니다.

2. 직무 분석만큼이나 자아 성찰도 꼭 필요!

A라는 직무가 ㅇ년의 연차를 쌓은 뒤 B가 되고, 최종적으로 C가 될 수 있다고 해서 이를 그대로 입사 후 포부에 적을 수는 없습니다. 내가 만약 A라는 직무를 수행하게 된다면 B와 C가 되기 위해 어떤 점을 강화하고 보완해 나갈지 고려해 보아야 하기 때문입니다. '지원 동기'가 A라는 직무를 수행하기 위해서 과거에 내가 해 왔던 것에 대한 이야기라면, '입사 후 포부'는 A가 되고 나서 B와 C가 되기 위한 나만의 계획과 목표를 이야기하는 것입니다.
실천 계획은 시기별, 단계별로 서술하면 좋습니다. 이를테면 입사 1년차/5년차/10년차 등으로 나누어 자신이 이루고 싶은 목표와 구체적인 실천 계획을 서술하는 방법을 쓸 수 있습니다.

3. 회사의 발전 방향을 염두에 두면 더 좋습니다.

자신의 비전과 커리어 패스, 그리고 이를 발전시키기 위한 구체적인 계획은 기업의 비전과 목표와 연결되면 좋습니다. 만약 회사의 발전 방향을 염두에 두지 않고 쓴다면 단지 지원 분야나 직무에서 어떻게 전문가로 성장하고 싶은지 개인적인 계획을 작성한 것에서 그치게 됩니다.
입사 후 전문가로 성장하여 회사에 어떻게 이바지하고 싶은지, 향후 회사가 나아가고자 하는 비전과 목표를 함께 고려하여 작성해 보세요.

그치게 된다. 입사 후 전문가로 성장해 어떻게 회사에 이바지하고 싶은지, 향후 회사가 나아가고자 하는 비전을 함께 고려해서 작성한다면 충분히 훌륭한 '입사 후 포부' 문항이 완료된다.

이러한 나의 계획과 목표를 조금 더 효과적으로 보여줄 수 있는 구조화 방법의 하나로 지원자들에게 상당한 도움을 줄 수 있는 자소서 작성법이 있다. 바로 'MVPC 기법'이다.

MVPC 기법은 '입사 후 포부'처럼 동기, 비전, 열정, 역량을 포함해서 글을 써야 할 때 매우 유용하다. 여기서 M은 동기를 뜻하는 Motivation 이고, V는 비전을 의미하는 Vision, P는 열정을 뜻하는 Passion, C는 역

●●● **'MVPC' 기법을 활용한 '입사 후 포부' 문항 작성** ✕

〈MVPC 기법〉으로 구체적인 '입사 후 포부' 작성하기!　▼ Q

Motivation/동기	[기업과 직무를 선택한 계기와 동기] 왜? 그 기업/직무를 선택했는가?
Vision/비전	[기업과 자신의 비전, 목표, 계획] 기업과 나의 비전, 목표는 그것을 달성하는 데 중요한 것과 계획은 무엇인가?
Passion/열정	[기업과 직무에 대한 의지, 열정] 그 기업과 직무에 얼마나 애정과 관심이 있으며 어떤 태도로 임할 것인가?
Competence/역량	[자신의 역량과 강점] 나는 어떻게 역량과 강점을 발전시켰고, 앞으로 어떻게 발전시켜 나갈 것인가?

1. 입사 후 포부를 잘 쓰기 위해서는 직무에 대한 깊은 이해가 필수!
   구체적인 업무 내용과 커리어 패스를 확인해 보세요.
2. 직무 분석 후에는 자아 성찰을 통해 해당 분야와 직무를 수행할 때 나만
   의 목표와 계획을 구체적으로 세우는 것이 필요합니다.
   계획은 입사 후 1년, 5년, 19년 등 시기를 나누어 생각하면 좋아요!
3. 커리어 비전과 패스, 구체적인 계획이 기업의 비전과 목표에 연결되어야
   합니다. 입사 후 전문가로 성장하여 어떻게 회사에 이바지하고 싶은지
   함께 고려하여 작성해 보세요.
4. 입사 후 포부를 쓸 때 활용하면 좋은 MVPC 기법!
   Motivation 기업과 직무를 선택한 동기. Vision 기업과 나의 비전
   과 목표, 그리고 계획. Passion 기업과 직무에 대한 의지와 열정.
   Competence 나의 역량과 강점을 어떻게 발전시킬 것인가.
   위 4요소를 염두에 두고 정리해 보세요!

량을 뜻하는 Competence이다.

'입사 후 포부' 문항에 기업과 직무를 선택한 계기를 이야기하고, 이를 위해 내가 파악한 나의 역량과 강점, 그리고 그 직무를 수행하기 위해 쌓아 왔던 열정과 경험, 이후 나의 비전과 목표를 이루기 위해 어떤 계획을 세워서 어떻게 할지, 이것이 향후 기업에 어떤 도움이 될지 등이 포함된다면 완벽한 '입사 후 포부' 문항이 완성될 것이다.

지원자들은 이러한 유기성에 유의해서 문항을 작성하길 바란다.

특별한 경험

다른 지원자들과는 차별화되는 '특별한 경험'을 기술하라는 항목도 대다수 지원자를 난처하게 만드는 문항이다. 나의 경험상 정말 많은 지원자가 "제 인생은 너무나도 평범한데…… 어떻게 특별한 경험을 써요?"하면서 당혹스러움을 감추지 못했다. 이에 이번 주제에서는 '특별한 경험' 문항에 대한 분석과 해당 문항을 잘 쓰는 방법에 관해 심층적으로 알아보고자 한다.

지원자에게 '특별한 경험' 문항이 어려운 이유는 '이 항목은 정말 특별해야 할 것 같다'라는 느낌이 강하게 들기 때문이다. 그러나 실제로 합격한 자기소개서들을 읽어 보면 인생의 실패 경험이나 도전 경험을 쓰는 문항에 전공 팀 프로젝트 때 있었던 일처럼 대체로 충분히 경험할 수 있는 사례들을 쓴 경우가 굉장히 많다. 다시 말해, 남들은 거의 경험이 없을 에베레스트 등정을 했다거나 오지를 탐방했다거나 창업 경험이 없다고 해도 특별한 경험은 누구나 쓸 수 있다는 것이다. 따라서 지금부터는 문항별로 어떤 특징이 있고, 또 어떻게 써야 하는지 안내한다.

1. '실패 경험' 잘 쓰는 법: 집이 망하거나 큰 병에 걸리지 않아도 특별한 경험을 쓸 수 있다!

자신의 인생에 있었던 가장 큰 실패 경험을 쓰라는 문항은 지금껏 지원자가 얼마나 도전 의식을 가지고 살아왔는지, 그리고 어려운 상황이 닥쳤을 때 어떻게 문제를 해결해 나가려고 하는지 그 의지를 엿보고 싶어서 제시하는 문항이다.

따라서 작은 실패 경험이더라도 철저하게 분석해서 그 원인과 해결하기 위해 내가 취했던 행동과 노력, 이후 깨달은 교훈과 느낀 점을 진솔하게 쓰면 된다. 그리고 이를 입사 후 어려운 상황에 처했을 때 어떻게 적용할지도 연결해 주면 금상첨화의 자소서가 된다.

2. '성공 경험' 잘 쓰는 법: 공모전에서 대상을 타지 않아도 쓸 수 있다!

성공 경험은 개인적인 목표를 세우고 스스로 노력해 성취했던 경험을 쓰는 것과 다른 사람들과 협업해 무엇인가를 성취했던 경험을 쓰는 것 크게 두 가지 방법이 있다.

개인적인 한계를 극복하고 성취했던 경험을 쓸 경우 왜 그것이 나의 목표가 되었는지, 성취를 위해서 내가 구체적으로 어떤 노력을 했는지, 그 이후 느낀 점과 교훈을 이어 쓸 수 있다. 팀워크를 발휘해 시너지를 냈던 경험을 쓰고자 한다면 어떤 상황이었는지, 그 안에서 나의 역할과 결과는 어떠했는지, 그것을 통해 깨달은 점과 입사 후 적용 방안 등을 작성할 수 있다.

3. '리더십 경험' 잘 쓰는 법: 전교 학생회장이 아니어도 괜찮아!

기업에서 지원자들에게 리더십 경험을 물어보는 이유는 조직을 이루어 활동했던 경험 중 주도적으로 문제를 해결하려 노력했던 과정을 알아보기 위해서이다. 꼭 학생회장이나 동아리장 같은 타이틀이 없더라도 당시 내가 맡은 '역할'에 집중하여 작성하면 된다. 아무쪼록 지원자들은 소위 '감투'나 '직책'에 개의치 말기를 바란다.

감투보다 더 중요한 것은 지원자들의 리더십 역량이다. 꼭 회장이 아니었더라도 팀원 모두가 유기적으로 움직일 수 있게 만든 동기가 무엇인지를 잘 드러나면 된다. 예를 들면 공모전에 참가했을 때 어떤 문제가 생겼고, 이를 해결하기 위해 본인이 제안했던 방법이나 의사소통을 위해 취했던 역할 등을 이야기하면 안성맞춤인 것이다.

당신이 꼭 팀장이나 조장이 아니었더라도 진솔 담백하게 자신이 한 '행위'를 기술하면 된다. 중요한 것은 당신이 직접 행동한 '리더십적 활동'인 것이다. 이것을 꼭 기억하기를 바란다.

●●● **특별한 경험 잘 쓰는 법-1**

1. '인생에서 가장 크게 실패한 경험'에 대하여 쓰는 법 ▼ Q

실패 경험을 물어보는 이유는 지원자가 얼마나 도전 의식을 가지고 있는지, 어려운 상황에서 어떻게 문제를 해결해 나가려고 하는지 의지를 엿보고자 함입니다.
따라서 실패 경험을 철저히 분석하고 작성해야 합니다. 실패의 원인, 해결하기 위해 내가 취했던 행동과 노력, 이후 깨닫게 된 교훈과 느낀 점, 입사 후 어려운 상황에 처했을 때 어떻게 행동할지까지 써주면 금상첨화겠죠?

2. '잊지 못할 성취 경험'에 대하여 쓰는 법   ▼ Q

성취 경험을 쓸 때는 두 가지 방향으로 나뉩니다. 개인적인 한계에 도전하여 그것을 극복하고 목표를 달성했던 일을 쓰는 방향과 다른 사람들과 팀으로 도전하여 무엇인가를 성취했던 경험을 쓰는 방향입니다.

개인적인 한계를 극복하여 성취했던 경험을 쓰고 싶다면 왜 그것이 나에게 목표가 되었는지 그리고 성취를 위해서 내가 구체적으로 어떤 노력을 했는지, 이후 느낀 점과 교훈을 쓸 수 있습니다.

팀워크를 발휘해 시너지를 냈던 경험을 선택했다면 어떤 상황이었는지, 그 안에서 나의 역할은 무엇이었는지, 결과가 어떠했고, 나는 무엇을 깨달았는지, 입사 후 적용할 수 있는 방안 등을 작성할 수 있습니다.

3. '리더십 경험'에 대하여 쓰는 법   ▼ Q

조직을 이루어 활동했던 경험 중 주도적으로 문제를 해결하려 노력했던 과정을 알아보기 위한 질문입니다. 학생회장이나 동아리장 같은 타이틀이 없더라도 당시의 '역할'에 집중하여 작성해 봅시다. 팀원 모두가 유기적으로 움직일 수 있게 만든 역할이 무엇인지 잘 드러나야 합니다.

예를 들면 공모전에 참가했을 때 어떤 문제가 생겼고, 이를 해결하기 위해 자신이 제안했던 방법이나 의사소통을 위해 취했던 역할 등을 이야기하는 방식이 있습니다.

4. '창의적 문제 해결' 경험 잘 쓰는 법: 스티브 잡스가 아니어도 괜찮아!

모두가 스티브 잡스처럼 창발적인 사유나 통찰력을 가지고 있지 않다.

애플의 창업자 스티브 잡스는 실로 100년에 한 번 나오는 인물이다. 그러니 창의성에서 잡스와 같지 않다고 해서 부담을 가질 필요는 하나도 없다.

창의성을 기술하는 항목에서 많은 지원자는 '창의'라는 단어 때문에 '완전히 새로운 것을 창조했던 경험을 찾아야 하나?' 하고 깊은 고민에 빠진다. 그러나 사실 이 문항은 상황 판단력과 문제 해결 능력을 엿보기 위해 기업에서 만든 질문이다. 따라서 문제 상황을 잘 파악하고 새로운 시도를 해서 개선했던 경험이 있다면 그걸로 충분하다.

지원자들은 문제 상황이 무엇이었는지, 내가 그것을 어떻게 파악했는지 자세히 이야기하면 된다. 그리고 내가 그 문제를 해결하기 위해 적극적으로 취했던 자세를 서술하면 그것으로 충분하다. 아울러 그것이 왜 새로운 시도였는지, 그 결과 문제가 어떻게 해결되었는지를 덧붙여주면 최고의 자소서가 탄생하게 된다.

5. '직무 관련' 경험 잘 쓰는 법: 너무나 익숙하지만 소홀히 하지는 마!

직무 경험은 지원 직무에 필요한 핵심 역량을 체득할 수 있었던 경험을 물어보는 부분이다. 그러니 모든 경험을 나열하기보다는 직무에 가장 밀접한 경험 한두 개를 선택하는 것이 좋다. 다시 말해 '선택과 집중'이 필요한 항목이다.

여기서는 지원 직무의 핵심 역량 위주로, 지원 직무에 필요한 핵심 역량을 정의하고 이를 함양하기 위해 했던 경험과 그 결과가 어땠는지, 아울러 여기서 배운 점을 어떻게 나의 직무 역량에 적용할지 써주면 된다.

'창의적으로 문제를 해결한 경험' 쓰는 법 ▾ Q

'창의'라는 말 때문에 새로운 것을 '창조'했던 경험을 찾아야 하는 부담을 느끼지 않아도 괜찮습니다. 문제 상황을 잘 파악하고 새로운 시도를 하여 개선했던 점을 기술해도 충분합니다.

문제 상황이 무엇이었는지, 내가 그것을 어떻게 파악했는지 자세히 이야기 합니다. 그리고 내가 그 문제를 해결하기 위해 적극적으로 취했던 자세를 서술합니다. 이것이 왜 새로운 시도였는지, 그 결과 문제가 어떻게 해결되 었는지를 작성합니다.

'직무와 관련된 경험' 쓰는 법 ▾ Q

직무 경험은 지원 직무에 필요한 핵심 역량을 체득할 수 있었던 경험을 물 어보는 것입니다. 모든 경험을 나열하기보다는 직무에 가장 밀접한 경험 1~2개를 선책하는 것이 좋습니다.

즉, 지원 직무의 핵심 역량 위주로, 지원 직무에 필요한 핵심 역량을 정의하 고 이를 함양하기 위해 했던 경험과 그 결과가 어떠했는지, 여기서 배운 점 을 어떻게 나의 직무 역량에 적용할지 써 주면 됩니다.

지금까지 '특별한 문항'을 잘 쓰는 방법에 대해 구체적으로 살펴보았 다. 앞으로 '당신의 특별한 경험에 대해 기술하라'는 주문이 있다면 지레 겁을 먹고 당황하지 말라. '특별함'이라는 단어가 주는 고정관념이나 편 견에서 벗어나 자신 있게 자신의 경험을 기술하기 바란다. 아래 표는 '특

1. 실패 경험을 쓸 때는 그 상황에 대해 철저히 분석한 후 내가 취했던 행동과 노력, 의지를 구체적으로 작성해야 합니다.
2. 성취 경험을 쓸 때는 다른 사람들과 소통하고 협력하면서 이루어 냈던 경험 위주로 작성하면 좋습니다.
3. 리더십 경험은 내가 맡았던 타이틀보다 구체적인 역할에 집중하여 문제 상황에서 했던 행동과 느낀 점 위주로 작성합니다.
4. 창의적 문제 해결 경험은 일단 문제 상황을 파악했던 포인트와 그것을 해결하기 위해 냈던 아이디어, 그것이 왜 새로웠는지, 결과가 어떠했는지 위주로 쓰면 됩니다.

별한 경험'을 잘 쓰는 법에 대한 핵심 정리다.

글 잘 쓰는 비법

:

어떻게 하면 글을 잘 쓸 수 있을까?

일반적으로 많은 지원자가 '글쓰기는 홍보 담당자나 기자처럼 글로서 주된 업무를 담당하는 사람들의 일이지 내 일이 아니야'라고 생각한다. 하지만 입사를 위해서 쓰는 '자기소개서' 역시 상대방을 설득하는 글 중 하나다. 그러니 먹고살기 위해서는 글쓰기가 꼭 필요하다는 말도 그렇게 지나친 말이 아니다.

　자소서도 명백한 글쓰기의 하나다. 그래서 어릴 적부터 작문이나 독서를 많이 했다면 조리 있는 글쓰기에 유리한 것이 사실이다. 그러나 우리에게는 하나부터 열까지 글쓰기를 새로 배울 시간이 없다. 어떻게 하면 글을 잘 쓸 수 있을까 고민하는 지원자들을 위해 이번 챕터에서는 평소에 할 수 있는 글쓰기 연습법에 대한 몇 가지 비결을 소개한다.

••• 글 잘 쓰는 비법 1-많이 읽고 많이 써라

글을 잘 쓰기 위한 기본 중의 기본! 많은 글쓰기 고수들이 공통으로 손에 꼽는 글 잘 쓰는 비법은 바로 '많이 읽고 많이 쓰기'입니다.

- **누구의 글을 읽을 것인가?**
  좋아하는 작가나 기자, 블로거 등을 정해 두고 그들의 글을 꾸준히 구독해 보세요.

- **어떻게 읽을 것인가?**
  책이나 기사 등 여러 콘텐츠를 읽으면서 글쓴이가 추천하거나 참고한 책과 작가가 있다면 이것을 찾아 읽으면서 저변을 넓혀 보세요.

- **언제 쓸 것인가?**
  아무리 좋은 글이라도 읽기만 하고 쓰지 않으면 글쓰기 실력에 도움이 되지 않습니다. 일상에 대한 글부터 시작해서 좋아하는 글쓴이의 글을 읽고 난 뒤 감상, 의견, 나아가 관심 있는 분야에 대한 글을 써 봅니다.

- **글쓰기가 힘들던데요?**
  일상 속에서 글을 꾸준히 쓸 방법은 하루 혹은 일주일에 일정 시간을 정해 두고 글을 쓰는 것입니다. 하루에 15분, 30분이라도 글 쓰는 데 시간을 할애해 보세요! 작은 시간이 모여 큰 힘이 될 거예요!

많이 읽고 많이 써라

아니, 많이 읽고 쓰라는 것은 누구나 아는 것 아닌가? 지금 일 분, 일 초가 아까운 취준생들에게 무슨 뻔한 이야기를 하고 있느냐고 반문할 독자님도 계실 것이다. 누구의 글을 어떻게 읽고 무엇을 어떻게 써야 하는지 조금 더 자세하게 설명하겠다.

일단 글을 잘 쓰려면 자신이 좋아하는 작가나 기자, 즐겨 읽는 매체나 블로그가 있으면 좋다. 글을 잘 쓰는 사람들의 콘텐츠를 구독하면서 꾸준히 읽어 보는 것도 하나의 좋은 방법이 된다. 자고로 좋은 인풋Input이 있어야 좋은 아웃풋Output도 있는 법!

그렇다면 무엇에 대해 글을 쓸까? 당장 감이 안 잡힌다면 일기장에 일기 쓰듯이 일상에 관한 글부터 시작해서 자신이 본 콘텐츠에 대한 감상, 의견을 써 보라. 그것이 글쓰기의 시작이다. 그런 다음 자신의 관심 주제에 대해 차차 써 보도록 하자.

하지만 처음에는 글쓰기가 결코 쉽지 않을 것이다. 글 쓰는 것 자체가 너무 힘들다면 아래와 같은 방법을 추천한다. 하루 혹은 일주일에 '일정 시간'을 정해 두고 그때는 꼭 글만 쓰는 것이다. 예를 들면 하루에 15분, 30분을 글쓰기에 할애하기로 했으면 반드시 그 시간에는 무엇이라도 적어 보는 것이다. 그 시간을 채우기 위해서라도 자리에 앉으면 생각보다 글은 쉽게 써질 수 있으니 걱정 말고 일단 도전해 보시길.

무엇을 쓸지 명확히 하라

두 번째 비법은 글을 쓸 때 조금 더 실질적으로 도움이 될 만한 이야기다. 바로 '명확하게' 쓰기에 관해서이다. 보통 우리가 '정말 좋은 글이다' 혹은 '이야, 이 사람은 진짜 글을 잘 쓴다'라고 느낄 때는 전달하고자 하는 메시지가 명확한 글을 읽었을 때다. 이럴 때 우리는 '글을 잘 썼다'라고 느낀다.

그렇다면 글을 명확하게 쓴다는 것은 정확히 무엇을 말할까? 이를 알기 위해서는 일단 눈을 감고 머릿속에 쓰고자 하는 글의 주제를 떠올렸을 때 한 문장으로 정리가 되는지 생각해 보자. 딱 한 문장으로 정리가 안 된다면 아직 주제가 명확하지 않다는 뜻이다.

이렇게 주제를 명료하게 정한 다음에는 주제에 대한 다양한 자료를 수집해야 한다. 자기소개서를 쓸 때는 내가 가진 여러 가지 경험 중 어떤 것을 근거로 해당 문항을 쓸지 그 '소재'를 찾는 것이 여기에 해당한다.

이제 소재를 다 찾았다면 '서론-본론-결론'이나 '주장-근거 1-근거 2' 같은 글의 구조에 맞게 정리하면서 필요 없는 것은 제거하면 된다. 그러면 주제가 더욱 명료해진다.

자기소개서를 쓸 때도 마찬가지다. 글을 쭉 읽었을 때 분명하게 내가 하고 싶은 말이 전달되어야만 한다. 좋은 자소서를 쓰기 위해서는 경험이나 스펙을 나열식으로 쓰지 말라고 하는 이유도 이와 같은 맥락이다.

우리가 '정말 좋은 글이다!' 혹은 '진짜 글 잘 쓰신다!' 라고 느낄 때는 언제일까요? 전달하고자 하는 메시지가 명확한 글을 읽었을 때 사람들은 대부분 '글을 잘 썼다' 라고 느낍니다.

● 글을 명확히 쓸 방법은?
눈을 감고 머릿속에 쓰고자 하는 글의 주제를 떠올렸을 때 한 문장으로 정리가 되는가를 점검해 봅니다.

● 주제를 정한 다음에는?
그것에 대한 자료를 수집합니다. 자기소개서를 쓸 때는 내가 가진 여러 경험 중 어떤 것을 근거로 해당 문항을 쓸지 소재를 찾는 것이 여기에 해당됩니다.

소재를 다 찾았다면 '서론-본론-결론' 이나 '주장-근거1-근거2' 같은 글의 구조에 맞게 정리하면서 주제를 더욱 명료하게 만듭니다.

자기소개서를 쓸 때는 읽었을 때 분명하게 내가 하고 싶은 말이 전달되도록 써야 합니다. 경험이나 스펙을 나열하는 식으로 쓰지 말라고 하는 이유도 같은 맥락입니다.

"○○회사에서 마케팅 직무를 수행하고 싶습니다!"라는 주장을 하고 싶다면 딱 그것만 이야기해야 합니다. "마케터라면 A와 B라는 역량이 필요합니다. 저는 그것을 갖췄습니다. 'A와 B' 경험을 보시면 알 수 있습니다." 라는 식으로 딱 그 얘기만 해야 합니다.

'이 친구는 마케터에 적합하군' 이라는 인상을 주기 위해서는 근거로 삼은 A, B가 직무 역량에 딱 맞아야 하겠죠? 자기소개서를 쓰고 나서 '한 가지 메시지만 잘 전달했나' 살펴보는 시간을 꼭 가져 보세요!

짧고 쉽게 썼는지 점검하라

자소서를 작성하고 퇴고를 할 때는 내가 쓴 글이 '짧고 쉬운지' 꼭 점검해 보아야 한다. 문장이 길어지면 앞뒤 호응 관계가 어긋나면서 읽는 이를 혼란스럽게 하기 때문이다. 그러니 글을 다 썼다면 문장을 쪼개면서 불필요한 내용을 생략하는 과정을 반드시 거쳐야 한다.

문장을 짧게 쓰는 연습, 습관적으로 사용하는 어미나 조사를 고쳐 나가는 작업을 반복하라. 그러다 보면 어휘력도 풍부해지고 한층 깔끔하게 글을 쓸 수 있게 된다.

●●● **글 잘 쓰는 비법 3-짧고 쉽게 썼는지 점검하라** ✕

문장이 길어지면 앞뒤 호응관계가 어긋나면서 독자들을 혼란스럽게 합니다. 그러니 글을 다 썼다면 문장을 쪼개면서 불필요한 내용을 생략합니다.

내가 쓴 글을 최소 다섯 번 읽으며 문장을 다듬는 작업을 합니다.
이 과정에서 문장을 짧게 수정하기 외에 또 할 수 있는 것이 있습니다. 자신의 글쓰기 습관을 점검하는 것입니다. 자주 쓰는 어미나 조사를 확인합니다. 그리고 이런 것을 '글쓰기 오답노트'에 적어 둡니다.

이렇게 문장을 짧게 쓰는 연습, 습관적으로 사용하는 어미나 조사를 고쳐 나가는 작업을 반복하다 보면 어휘력도 풍부해지고 깔끔하게 글을 쓸 수 있습니다.

글의 구조를 분석하라

이번 항목에서는 평소에 글을 읽으면서 자소서 작성 실력을 키울 수 있는 또 다른 방법을 알려드린다. 그 비법은 글을 읽을 때 '글의 구조를 분석하며 읽는 습관'을 기르는 것이다.

　세상에는 여러 가지 글의 구조가 존재한다. '서론-본론-결론', '육하원칙', '발단-전개-위기-절정-결말', '주장-근거-예시' 등. 글을 잘 쓰기 위해서는 글을 읽을 때 이런 글의 구조를 분석하면서 읽는 습관을 들이면 큰 도움이 된다.

••• 글 잘 쓰는 비법 4-글의 구조를 분석하라 ✕

세상에는 여러 가지 글의 구조가 있습니다. 서론-본론-결론, 육하원칙, 발단-전개-위기-절정-결말, 주장-근거-예시 등. 글을 잘 쓰기 위해서는 글을 읽을 때 이런 글의 구조를 분석하는 습관을 들이면 좋습니다.
예컨대 신문기사, 보도 자료는 역피라미드 구조로 글을 구성합니다.
제목-부제목-개괄적인 요약-리드문-세부 사실-추가 사실 순으로 글이 구성되지요.
또한 글의 내용을 분석할 수도 있습니다. 똑같이 보도 자료를 읽었다고 하더라도 '리드문에 쓰인 내용은 현재 상황, 그 다음에 이어진 내용은 보완 대책, 이후 이 대책이 무엇인지 예시를 들어 설명했다'라고 분석할 수 있습니다.
짜임새 있게 쓰인 글을 읽으면서 분석하는 연습을 하면 글을 잘 쓰는 데에 도움이 됩니다.

예컨대 신문 기사나 보도 자료는 역피라미드 구조로 글이 구성된다. 다시 말해 제목-부제목-개괄적인 요약-리드문-세부 사실-추가 사실 순으로 글이 구성된다. 여기서 리드문lead 文이란 신문의 기사나 칼럼 등에서 본문의 맨 앞에 그 요지를 추려서 쓴 짧은 문장을 말한다.

신문 기사나 칼럼 등을 통해서 글의 내용을 분석할 수도 있다. 똑같이 보도 자료를 읽었다고 하더라도 '리드문에 쓰인 내용은 현재 상황, 그다음에 이어진 내용은 보완 대책, 이후 이 대책이 무엇인지 예시를 들어 설명했다'라고 분석할 수 있다.

좋은 글은 필사하라

자소서 쓰는 실력을 빨리 향상하고 싶다면 필사筆寫가 큰 도움이 된다. 베껴 쓴다는 뜻을 지닌 필사는 좋은 글쓰기의 기본 중 하나다. 완성도가 높은 작가의 좋은 문장들을 필사하다 보면 어느새 문장 구조 익히기나 어휘력 증진에 도움이 되고 실력도 쌓인다.

특히 도입부가 참신하거나 한 번에 잘 읽히는 글을 필사하면 글쓰기 실력을 키우는 데 도움이 많이 된다. 도입부가 참신해서 독자에게 공감이나 호기심을 유발하는 글은 필사하기 좋은 글이다. 글의 초반에 독자의 집중을 끌어내는 것은 아주 중요한데, 이것은 좀처럼 쉬운 일이 아니기 때문이다. 따라서 서문序文을 작성하는 법이나 도입부를 임팩트 있게 꾸미는 법은 필사를 통해 익히면 좋다.

자기소개서를 쓸 때도 '소제목'은 매우 중요하다. 도입부(시작)가 참신한 글을 많이 필사하다 보면 눈에 띄는 소제목을 쓰는 데에도 도움이 된다.

한 번에 자연스럽게 읽히는 글 또한 필사하면 좋다. 요즘 젊은 층들이

••• 글 잘 쓰는 비법 5-좋은 글은 필사하라

좋은 글을 쓰는 사람의 글쓰기 스타일을 가장 빨리 배우고 닮을 수 있는 방법 중 하나가 '필사'입니다. 그렇다면 어떤 글을 필사하면 좋을까요?

첫째, 도입부가 참신한 글.
독자에게 공감이나 호기심을 유발하며 글을 시작하는 경우는 필사하기 좋은 글입니다. 글의 초반에 독자의 집중을 이끌어 내는 것은 아주 중요하지만 어려운 일이기 때문입니다.
자기소개서를 쓸 때도 '소제목'의 중요성, 많이 들어 보셨죠? 시작이 참신한 글을 많이 필사하다 보면 눈에 띄는 소제목을 쓰는 데에도 도움이 됩니다.

둘째, 한 번에 자연스럽게 읽히는 글.
인터넷 뉴스 기사나 블로그 글 중 억지로 주제와 제품, 키워드를 연결한 경우가 있습니다. 이런 글보다는 처음부터 끝까지 한 가지 메시지만 전달하는 글을 필사해 보세요!

자기소개서를 쓰기 전 간결한 문체로 글을 쓰는 작가나 기자의 글을 필사해 보세요. 그런 다음, 그 느낌을 그대로 가지고 자기소개서를 쓰면 자신도 모르게 글에 간결함이 반영될 것입니다.

많이 보는 인터넷 뉴스 기사나 블로그 글 중에는 억지로 주제와 제품, 키워드를 연결한 경우가 있는데(소위 '어그로'를 끌기 위해), 이런 글보다는 처음부터 끝까지 한 가지 메시지만 전달하는 글을 필사하기를 추천한다.

이렇게 다섯 가지 비법을 통해 좋은 글쓰기의 기본을 갖추었다면, 이제 진짜 자기소개서 작성에 도전해 보자. 그리고 항상 자소서를 다 쓰고 나서는 반드시 맞춤법을 검사하는 습관을 들이길 바란다. 아무리 평소에 좋은 글을 많이 읽고 써도 내 눈에 보이지 않는 실수가 있기 마련이기 때문이다.

〈좋은 글쓰기 비법 5〉

1) 좋은 글을 많이 읽고 글 쓰는 습관을 기른다.

2) 한 가지 메시지만 명확하게 전달하려고 노력한다.

3) 퇴고할 때는 문장이 짧고 쉬운지, 중복되는 어미나 조사는 없는지 살핀다.

4) 평소에 글을 읽을 때는 글의 구조와 내용을 분석한다.

5) 좋은 글은 필사한다.

1. 글을 잘 쓰기 위해서는?   ▾ Q

- 평소에 좋은 글을 쓰는 사람들의 글을 많이 읽는다. 그리고 일정한 시간을 정하여 글 쓰는 습관을 기른다.
- 글을 쓸 때 '한 가지 메시지'만 명확하게 전달하려고 노력한다.
- 글을 쓰고 난 뒤에는 문장이 짧고 쉬운지, 중복되는 어미나 조사는 없는지 퇴고한다.
- 평소에 글을 읽을 때는 글의 구조나 내용을 분석하며 읽는다.
- 좋은 글, 자신이 좋아하는 작가나 기자의 글을 필사해 본다.

2. 자기소개서 쓸 때는?   ▾ Q

- 내 자기소개서를 읽어 보았을 때 하나의 이미지가 떠오르도록 작성이 되었는지 확인한다.
- 도입부가 참신하고 한 번에 자연스럽게 읽히는 글을 자주 읽는다.
- 자기소개서를 쓰기 전 잘 쓴 글을 필사하다가 그 느낌을 가지고 자기소개서를 작성해 본다.

Part. 2

실전
자소서
활용 사전

대표 그룹
공략법

삼성그룹

삼성그룹의 자소서를 작성하기 위해서는 먼저 그룹의 핵심 가치 다섯 가지를 살펴보는 것이 중요하다.

첫째, 인재가 최우선이다. "기업은 사람이다."

→ 이것은 인재를 중시하고 키우는 삼성의 기업 문화를 담은 말이다. 특히 이는 '기업이 곧 사람'이라는 신념으로써 모든 사람이 각자 고유한 역량과 잠재력을 가진 우수한 인재이자, 세상을 움직이는 원동력이라 믿는 정신을 일컫는다.

둘째, 최고를 지향한다. "모든 분야에서 최고를 추구한다."

→ 이는 삼성을 움직이는 의지를 표현한 말이다. 삼성의 역사는 국내에 서 세계를, 일류에서 초일류를 지향해 온 최고 지향의 역사다.

셋째, 변화를 선도한다. "늘 앞선 변화를 선도한다."

→ 이 문장은 삼성의 미래를 창조하는 자세를 뜻하는 말이다. 삼성은 시대 흐름을 파악하고 앞선 변화를 통한 창조적인 혁신을 추구한다 는 것.

넷째, 정도 경영을 구현한다. "언제나 바른 길을 간다."

→ 삼성인의 곧은 마음가짐이 담긴 말이다. 동시에 정과 도를 명확히 구분하여 부정 없는 깨끗한 조직 풍토를 유지하는 문화를 가지고 있다는 뜻이기도 하다.

다섯째, 상생을 추구한다. "모두의 이익에 기여를 생각한다."

→ 삼성은 이윤뿐만 아니라 고객, 임직원, 주주, 협력 업체를 먼저 생각 하는 상생 정신을 가져야 한다. 따라서 이 말은 국가와 지역 사회의 공헌과 인류의 공동 발전을 위해 노력하는 삼성의 철학을 의미한다.

삼성그룹의 자기소개서를 시작하기 전 확인해야 하는 사항이 하나 더 있다. 그것은 바로 그룹의 '인재상'이다. 삼성그룹의 인재상은 비교적 심 플한 편이다.

'끊임없는 열정으로 미래에 도전하는 인재, 창의와 혁신으로 세상을 변화시키는 인재, 정직과 바른 행동으로 역할과 책임을 다하는 인재'라는 삼성그룹의 인재상에는 5대 핵심 가치가 고스란히 반영되어 있다. 그러면

삼성그룹이 핵심 가치로 여기는 5가지

인재 제일

최고 지향

변화 선도

정도 경영

상생 추구

① 인재 제일. "기업은 사람이다."
  → 인재를 중시하고 키우는 기업 문화
② 최고 지향. "모든 분야에서 최고를 추구한다."
  → 삼성의 역사는 국내에서 세계를, 일류에서 초일류를 지향해 온 최고
  지향 역사다.
③ 변화 선도. "늘 앞선 변화를 선도한다."
  → 시대의 흐름을 파악하고 앞선 변화를 통한 창조적 혁신 추구.
④ 정도 경영. "언제나 바른 길을 간다."
  → 정과 도를 명확히 구분하여 부정 없는 깨끗한 조직 풍토를 유지하는
  문화.
⑤ 상생 추구. "모두의 이익에 기여를 생각한다."
  → 국가와 지역 사회의 공헌과 인류 공동의 발전을 위해 노력한다.

이제 다함께 삼성그룹의 에세이 문항을 확인해 보자.

1. 삼성그룹을 선택한 이유와 입사 후 회사에서 이루고 싶은 꿈을 기술하시
   오.(700자)

2. 본인의 성장 과정을 간략히 기술하되 현재의 자신에게 가장 큰 영향을 끼친 사건, 인물 등을 포함하여 기술하시오.(※ 작품 속 가상인물도 가능/1500자)

3. 최근 사회이슈 중 중요하다고 생각되는 한 가지를 선택하고 이에 관한 자신의 견해를 기술하시오.(1000자)

아래에서는 이 중 1번 문항을 분석하고 합격 자소서 중 1번 문항에 특화된 사례들을 제시한다. 먼저, 1번 문항을 공략하기 위해서는 다음의 세 가지 사항을 꼭 염두에 두어야 한다.

첫째, 왜 삼성이어야만 하는가? 그중에서도 왜 해당 계열사를 지원했는지를 명확하게 드러나게 작성한다. 여기서 가장 중요한 것은 질문 자체에 담겨 있는 내용 '삼성 취업을 선택한 이유'를 확실하게 작성해야 한다는 것이다. 대체로 많은 지원자가 회사의 방향이나 현황을 알아보고 자기소개서에 반영하는데, 만약 이렇게 하고 싶다면 그것이 어떻게 내 희망과 일치하는지 반드시 설명해야 한다.

둘째, '지원 동기'는 나의 직업관이 반영되어야 한다. 평소에 어떤 직업관을 가지고 있었으며, 그것이 삼성 특히 지원 계열사와 왜 잘 맞을 것이라 생각했는지를 논리적으로 설명해야 한다. 이를 반영한 논리 구조의 예시는 아래와 같다.

"나는 평소 이러한 기업에서 일하고 싶었다. → 이유. 삼성의 어떠한 점이 이런 내 직업관과 잘 맞는다. → 근거. 그래서 나는 삼성에서 ○○ 직무를 수행하기 위해 이러한 노력을 했다. → 경험. 내 직업관과 잘 맞는 삼성에서 앞으로 어떻게 성장할 것이며, 어떻게 이바지할 수 있을지. → 포부"까지 기재한다.

셋째, 막연한 찬양은 금물이다. 이런 점에서 단지 '일류 기업이라서, 세

••• 삼성그룹의 에세이 1번 공략법

1. **왜 삼성인지? 그중에서도 왜 지원 계열사인지 드러나게 작성한다.**
   가장 중요한 것은 질문 자체에 담겨 있는 내용 '삼성 취업을 선택한 이유'를 확실하게 작성해 주어야 한다는 것입니다. 회사의 방향이나 현황을 언급한다면 그것이 어떻게 내 희망과 일치하는지 설명합니다.

2. **'지원 동기'는 나의 직업관이 반영되어야 한다.**
   직업관을 반영한 자기소개서의 가장 일반적인 내용 구조는 아래와 같습니다.
   '나는 평소 이러한 기업에서 일하고 싶었다. 그 이유. 그런데 삼성의 어떠한 점이 이런 내 직업관과 잘 맞는다. 근거. 그래서 나는 삼성에서 ○○ 직무를 수행하기 위해 이러한 노력을 했다. 경험. 내 직업관과 잘 맞는 삼성에서 앞으로 어떻게 성장할 것이며, 어떻게 이바지할 수 있을지. 포부'까지 쓸 수 있겠죠.

3. **막연한 찬양은 금물!**
   일류 기업이라서, 세계를 선도하는 기술력 때문에… 같은 막연한 찬양은 하지 않는 것이 좋습니다. 차라리 '내가 평소 관심이 있었던 분야를 이야기하면서, 삼성이 이 분야에서 어느 정도 위치에 있고, 어떤 성과를 내고 있는지, 입사 후 나의 목표는 무엇인지, 그를 통해 삼성에 어떻게 이바지할지'와 같은 구체적인 이야기를 하는 것이 좋습니다.

계를 선도하는 기술력 때문에'와 같은 막연한 찬양은 하지 않는 것이 좋다. 만약 이와 같은 내용을 넣고 싶다면 차라리 내가 평소 관심이 있었던 분야를 이야기하면서, 삼성이 이 분야에서 어느 정도 위치에 있고 어떤 성과를 내고 있는지, 입사 후 나의 목표는 무엇인지, 그를 통해 삼성에 어떻게 기여할 것인지와 같이 구체적으로 기술하는 것이 좋다.

롯데그룹

롯데그룹은 유난히 '능력 중심' 채용을 강조한다. 그래서 인턴 역시 직무에 맞는 역량 중심으로 선발한다. 특히 'SPEC 태클 전형'은 출신 학교 등 스펙을 일체 기재하지 말라고 해서 실력 있는 지원자들의 주목을 받고 있다. 먼저, 롯데그룹의 자소서를 작성하기 전 꼭 알아야 할 그룹의 미션과 비전, 핵심 가치, 인재상에 관해 살펴보자.

롯데그룹의 미션은 "사랑과 신뢰를 받는 제품과 서비스를 제공하여 인류의 풍요로운 삶에 기여한다"이다. 또 이를 위해 풍요, 기여, 확장 세 가지 가치를 추구한다고 밝히고 있다. 롯데그룹의 비전은 "Lifetime Value Creator"로, 새로운 미래를 향한 다짐으로 설정했다고 한다.

또한 롯데그룹은 고객들의 삶에 긍정적 가치를 줄 수 있는 크리에이터로서 질적 성장에 대해 가이드라인을 제시하고 투명 경영, 핵심 역량 강화, 가치 경영, 현장 경영과 같은 방침을 수립했다. 브랜드 가치 역시 'Trust,

1. 미션 : 사랑과 신뢰를 받는 제품과 서비스를 제공하여
인류의 풍요로운 삶에 기여한다 ▾ Q

- 풍요Richness:롯데가 설립 이래 지속적으로 고객에게 제공해 온 '풍요'의 가치를 타 그룹과 차별성을 나타냅니다.
- 기여Contribute: '고객의 사랑과 신뢰를 받고 인류의 삶에 기여' 하기 위한 끊임없는 노력의 동기를 제공합니다.
- 확장Expansion: '제품과 서비스' 그리고 '인류'라는 포괄적인 표현으로 신류 사업 영역 확장의 의지를 피력합니다.

2. 그룹 비전 : Lifetime Value Creator
새로운 50년을 향한 다짐 ▾ Q

- 질적 성장 가이드라인: 지속가능한 성장률 확보, 경제적 부가가치 창출, 미래 가치 창출, 사회적 가치 지향
- 경영 방침: 투명 경영, 핵심 역량, 강화, 가치 경영, 현장 경영
- 브랜드 가치: Trust, Originality, Pleasure

3. 핵심 가치 : Beyond Customer Expectation
우리는 고객의 기대를 뛰어넘는 가치를 창출해 낸다. ▾ Q

- Challenge: 우리는 업무의 본질에 집중하며 끊임없는 도전을 통해 더 높은 수준의 목표를 달성해 나간다.
- Respect: 우리는 다양한 의견을 존중하며 소통하고, 원칙을 준수함으로써 신뢰에 기반한 공동체를 지향한다.
- Originality: 우리는 변화에 민첩하게 대응하고, 경계를 뛰어넘는 협업과 틀을 깨는 혁신을 통해 쉽게 모방할 수 없는 독창성을 만든다.

4. 인재상

▼ Q

- 실패를 두려워하지 않는 젊은이: 창조적 실패는 젊음의 특권입니다. 실패가 두려워 도전하지 않는 안정보다는 실패에서도 성공의 가능성을 찾을 수 있는 능동적이고 적극적인 도전 정신을 보다 가치 있게 여기고 있습니다.
- 실력을 키우기 위해 끊임없이 노력하는 젊은이: 끊임없이 노력하고 준비하는 사람에게 이길 수 있는 이는 없습니다. 언제나 자신의 발전과 조직의 발전을 위해 끊임없이 노력하는 젊은이를 롯데는 기다립니다.
- 협력과 상생을 아는 젊은이: 진정한 실력자는 협력하고 양보할 줄 아는 미덕을 가져야 합니다. 함께 사는 사람들과 사회에 대한 감사한 마음이 모여서 이 사회를 따뜻하게 만들 수 있다고 생각합니다. 각자의 능력과 실력을 키우는 일도 개인과 기업이 해야 할 일이지만 사회적 존재로서 자신의 역할을 이해하는 젊은이를 롯데는 기다립니다.

Originality, Pleasure'이라는 세 개 키워드를 무엇보다 중시한다.

롯데그룹의 핵심 가치는 'Beyond Customer Expectation', 즉 '고객의 요구를 충족하는 데 머무르지 않고, 기대를 뛰어넘는 가치를 창출한다'이다. 이처럼 고객의 기대를 뛰어넘기 위해서는 도전 의식Challenge과 존중심Respect, 고유성Originality을 가지고 있어야 한다. 이러한 롯데그룹이 요구하는 인재상은 실패를 두려워하지 않고, 실력을 키우기 위해 끊임없이 노력하고, 협력과 상생을 아는 젊은이가 꼽혔다.

다음으로는 롯데그룹이 일반전형에서 진행했던 자기소개서 문항을 함

계열사/직무 공통 총 5문항, 500자 또는 800자 이내 작성

1. 지원 동기: 지원 동기를 구체적으로 기술해 주세요.(500자)
2. 성장 과정: 성장 과정을 구체적으로 기술해 주세요.(800자)
3. 사회 활동: 학업 이외에 관심을 가지고 했던 다양한 경험 중 가장 기억에 남는 것을 구체적으로 기술해 주세요.(800자)
4. 직무 경험: 희망 직무 준비 과정과 희망 직무에 대한 본인의 강점과 약점을 기술해 주세요.(실패 또는 성공 사례 중심으로 기술해 주세요.)(800자)
5. 입사 후 포부: 입사 후 10년 동안의 회사 생활 시나리오와 그것을 추구하는 이유를 기술해 주세요.(500자)

께 살펴보고자 한다.

그렇다면 어떻게 해야 롯데그룹 자기소개서를 잘 쓸 수 있을까? 1번 지원 동기를 쓸 땐 '다른 회사가 아니라 왜 롯데그룹, 그중에서도 지원하는 계열사여야만 하는지'가 잘 드러나야 한다. 물론 이런 내용을 잘 쓰려면 지원하는 회사에 대해 충분히 알고 있어야 하는 것은 기본이다.

다음으로 2번 성장 과정 문항은 내 인생 전체를 나열하기보다는 나의 직업관을 갖게 된 계기, 진로를 결정하게 된 사건 위주로 내용을 구성하면 좋다. 무엇보다 3번 사회 활동을 쓸 때는 어떤 내용으로 구성하는 게 좋을까 고민을 많이 하게 된다. 그럴 때는 롯데그룹이나 지원 회사의 인재상을 찾아보라. 그리고 그 부분에 잘 어울리는 한두 가지 에피소드를 선정해 작

성하면 적합하다.

4번 직무 경험을 잘 쓰려면 지원 직무에 어떤 역량이 필요한지 제대로 인지하고 있어야 한다. 이를 위해서는 우선 회사의 채용 홈페이지에서 내가 지원하는 회사 및 직무에 필요한 역량과 선배들의 인터뷰를 찾아보기를 바란다. 그리고 이와 잘 맞는 자신의 경험을 찾아볼 것을 추천한다. 이때 '특정 경험'을 중심으로 작성하는 것이 핵심 포인트다.

마지막 5번 문항인 '입사 후 포부'는 회사와 직무, 나의 발전 방향이 잘 맞아떨어지게 작성하는 게 중요하다. 내가 향후 가고자 하는 커리어 패스, 그것이 회사에서 이루어졌을 때의 청사진을 제시하면서 마무리하면 된다.

••• 문항 분석

1번 문항: '왜 이 회사여야만 하는지'가 드러나게 쓰자!
1번 문항, 지원 동기는 '다른 회사가 아니라 왜 롯데그룹, 지원 회사여야만 하는지'가 드러나게 써야 합니다. 이는 회사에 대해 공부하고 업계 동향을 파악해 보면 도움이 됩니다.
지원 회사가 어떤 비전을 갖고 있고, 향후 집중할 사업이 무엇인지 살펴보세요. 거기에서 특별한 가치를 찾고 나의 경험이나 직업관에 연결하여 지원 동기를 정리합니다.
이때, '업계 1위라서' 같은 막연한 내용은 되도록 쓰지 말고, 구체적인 경험을 바탕으로 설득력 있게 내용을 구성하면 좋습니다.

2번 문항: 일대기 나열보다는 직업관/진로를 결정한 계기 위주로!
2번 성장 과정은 우리 가족 소개나 나의 일대기를 나열하는 게 아닙니다. 나의 진로에 영향을 미친 사건이나 사람, 특정 경험 위주로 내용을 구성해 보세요.
내가 어떤 직업관을 가지고 있는지, 그렇게 된 계기는 무엇이었는지 한두 가지의 경험을 통해 설명하면 좋습니다.

3번 문항: 사회 활동은 인재상을 고려하여 에피소드를 선정해 보세요!
3번 사회 활동은 롯데그룹이나 지원 회사의 인재상에 맞는 한두 개의 경험 사례를 선택하면 좋습니다. 롯데그룹 인재상과 지원 회사의 채용 홈페이지에서 인재상을 확인해 보세요.
경험을 명료하게 쓰는 방법으로는 'Situation 상황, Task 그때의 과제, Action 나의 행동, Result 결과, Taken 그로부터 얻은 교훈'을 기준으로 정리하기를 추천합니다.

4번 문항: 지원 직무의 핵심 역량을 꼭 파악해서 쓰자!
4번 직무 경험을 잘 쓰려면 지원 직무에 어떤 핵심 역량이 필요한지 제대로 알고 있어야 합니다. 회사의 채용 홈페이지에 보면 직무별로 필요한 역량과 선배의 인터뷰가 나와 있으니 4번 문항을 쓰기 전에 꼭 확인해 보세요!
그 다음에 해당 역량을 개발하기 위해 본인이 했던 경험, 무슨 일이 있었는지, 무엇을 느꼈는지, 그때 발현된 나의 강점과 약점은 무엇이었는지 설명합니다. (괄호) 설명에도 나와 있듯이 실패 또는 성공했던 '특정 경험'을 중심으로 작성하는 것이 중요한 포인트!

5번 문항: '회사-직무-나'의 발전 방향을 함께 고려해 보세요!
5번 입사 후 포부 또한 지원 직무가 주로 어떤 일을 하는지, 향후에 어떤 커리어 패스를 가는지 잘 알아야 합니다. 그 직무의 커리어 패스에 나의 강점과 경험을 대입해서 청사진을 그려 보세요.

A 직무에서 O년 경험을 쌓으면 B가 되고, 최종적으로 C가 될 수 있다고 가정합시다. 지원 동기는 A라는 직무를 수행하기 위해 입사 전에 내가 어떻게 노력했는지 설명한 것이라면, 입사 후 포부는 B, C가 되기 위해 나만의 계획과 목표는 무엇인지 이야기하는 것이죠.

이러한 목표와 비전이 회사의 발전 방향에도 잘 맞는다면 좋은 입사 후 포부가 될 거예요! 앞에서 살펴본 회사의 비전과 미션, 핵심 가치를 잊지 말고 내용을 구성해 보세요.

SK그룹

SK그룹은 몇 해 전 다음과 같이 인재상이 바뀌었다. "경영 철학에 대한 확신을 바탕으로 일과 싸워서 이기는 패기를 실천하는 인재." 이를 본 지원자 대부분은 '아니, 경영 철학에 대한 확신은 무슨 의미이지?'라는 생각을 하게 된다. 여기에서 이야기하는 경영 철학에 대한 확신은 'VWBE'를 통한 'SUPEX 추구 문화'로서 모든 이해 관계자들의 행복 구현을 의미한다.

이렇게 말하면 다시 '응? 그렇다면 저 알파벳들은 뭐지?' 하는 물음이 또 생긴다. 우선 'VWBE'를 통한다는 것은 '자발적이고Voluntarily 의욕적으로Willingly 두뇌 활용Brain Engagement을 한다'는 의미이다.

다음으로 'SUPEX를 추구한다'는 것은 '인간의 능력으로 도달할 수 있는 최고 수준인 Super Excellent'를 추구하는 것을 의미한다. 한편으로는 다소 추상적이지만 무언가 거창하고 대단한 능력을 요구하는 것임을 느낄 수 있다.

그렇다면 '일과 싸워서 이기는 패기'는 무엇일까? SK그룹의 홈페이지를 보면 이것을 '스스로 동기를 부여하여 높은 목표에 도전하고 기존의 틀을 깨는 과감한 실행을 한다. 그 과정에서 필요한 역량을 개발하기 위해 노력하며 팀워크를 발휘하는 것'이라고 설명하고 있다.

위에서 설명한 부분을 종합해 다시 한 번 정리해 보면, '자발적이고 의욕적인 두뇌 활용을 하는 경영 철학에 대해 확신하고 일과 싸워서 이기는 패기, 인간의 능력으로 도달할 수 있는 최고 수준을 실천하는 인재'가 바로 SK그룹에서 추구하는 인재상이라 할 수 있다. 따라서 SK그룹의 자소서를 쓸 때는 이러한 기업의 인재상을 꼭 염두에 두고 작성해야 한다.

그런데 보통 SK그룹 서류 지원에는 자기소개서 작성 시 꼭 지켜야 할 사항이 세 가지 있다.

첫째, 최근 3년 이내의 경험으로 작성할 것.
둘째, 다른 사람과 함께 팀으로 수행한 일은 본인의 구체적인 행동이 최대한 드러나도록 작성할 것.
셋째, 군대 경험, 신체 경험, 개인 취미와 관련된 경험은 가급적 적지 말 것.

예를 들어, "나 학생회장 출신이야~'라는 마음으로 고등학생 때 학생회장 경험을 쓰려고 했는데 그것이 3년 이내의 경험이 아니라면, 기재하

자기소개서를 쓰기 전 꼭 확인해야 하는 '인재상'
SK그룹은 최근 인재상이 바뀌었습니다.

"경영 철학에 대한 확신을 바탕으로 일과 싸워서 이기는 패기를 실천하는
인재"

경영 철학에 대한 확신은 'WWBE'를 통한 'SUPEX' 추구 문화로 이해 관
계자의 행복을 구현하는 것을 의미합니다. 여기에서 WWBE를 통한다는 것
은 '자발적이고Voluntarily 의욕적으로Willingly 두뇌 활용Brain Engagement
을 한다'는 말입니다. SUPEX를 추구한다는 것은 '인간의 능력으로 도달할
수 있는 최고 수준인 Super Excellent'를 추구한다는 것입니다.
패기는 '스스로 동기 부여하여 높은 목표에 도전하고 기존의 틀을 깨는 과
감한 실행을 한다. 그 과정에서 필요한 역량을 개발하기 위해 노력하며 팀
워크를 발휘하는 것'을 말합니다.
즉, 자발적이고 의욕적으로 두뇌를 활용하는 경영 철학에 대해 확신하고 일
과 싸워서 이기는 패기, 인간의 능력으로 도달할 수 있는 최고 수준을 실천
하는 인재가 SK그룹에서 추구하는 인재상이라 할 수 있습니다.

면 안 된다는 것이다. 그러므로 고교 시절의 경험보다는 학부 시절의 팀
프로젝트 경험을 선택하는 게 좋다.

아울러 어떤 팀플에서 조장을 한 경험을 써야겠다고 정했다면, 이때는
어떤 수업이었고 무슨 주제의 팀플이었으며, 거기서 어떻게 팀장이 되었
는지, 팀장이 되어서 어떤 역할을 했는지, 갈등이나 문제 상황이 있었다면

무엇인지, 어떤 행동을 취해서 이를 해결했는지, 그 과정에서 느낀 점은 무엇이었는지, 그 결과 팀 프로젝트는 어떻게 되었는지 등등 자세하게 상황을 기술해야 한다.

만일 당신이 '이번 항목은 특별한 경험이 없어서 기술하기가 어려우니까 그냥 군대에서 후임들을 통솔했던 일을 써야겠다'라고 생각했다면 이것도 금물이다. 왜냐하면 SK그룹의 경우 군대 얘기나 신체 경험이나 취미활동 이야기는 되도록 쓰지 않는 게 좋기 때문이다. 물론 '가급적' 쓰지 말라는 것과 '절대' 쓰지 말라는 것은 다르다.

그렇다면 '10킬로램 감량'이라는 목표를 가지고 다이어트를 실시했던 경험은 괜찮을까? 이것도 앞에서 이야기한 '신체 경험'에 포함될 수 있다. 그러므로 단순 운동이나 다이어트보다는 다른 예시를 찾아보는 게 훨씬 좋다.

LG그룹

LG그룹의 대표적인 기업으로는 엘지전자, 엘지화학, 엘지유플러스, 엘지생활건강 등이 있다. 그중 명실상부 국내를 대표하는 화학 기업이자 세계 3위권을 자랑하는 엘지화학을 중심으로 자소서를 살펴본다.

LG화학은 1947년에 설립되어 2022년 연말 기준으로 매출 52조에 달하는 우리나라의 대표적인 화학 기업이다. 특히 LG화학은 기초 소재,

전지, 정보 전자 소재, 재료, 생명과학 등을 전문으로 하는 회사로서 그룹의 알짜 계열사이기도 하다.

아래에서는 LG그룹을 지원한다면 꼭 알아야 할 'LG Way' 및 그룹의 인재상과 비전에 대해 표를 통해 살펴본다.

••• **LG Way란?**

비전	**1등 LG** LG의 궁극적인 지향점으로 시장에서 인정받으며 시장을 리드하는 선도 기업이 되는 것
행동 방식	**정도 경영** 윤리 경영을 기반으로 꾸준히 실력을 배양해 정정당당하게 승부하는 LG만의 행동 방식
경영 이념	**고객을 위한 가치 창조 & 인간 존중의 경영** 기업의 존립 근거이자 회사 운영의 원칙

••• **LG화학의 인재상**

LG Way에 대한 신념과 실행력을 겸비한 사람

PASSION	꿈과 열정을 가지고 세계 최고에 도전하는 사람
INNOVATION	고객을 최우선으로 생각하고 끊임없이 혁신하는 사람
ORIGINALITY	팀워크를 이루며 자율적이고 창의적으로 일하는 사람
COMPETITION	꾸준히 실력을 배양하여 정당당하게 경쟁하는 사람

LG화학의 비전은 "차별화된 소재와 솔루션으로 고객과 함께 성장하는 세계적 기업"이다. 아울러 LG화학의 인재상은 "LG Way에 대한 신념과 실행력을 겸비한 사람"이라고 명시되어 있다. 이러한 엘지화학의 인재상에는 'Passion(열정), Innovation(혁신), Originality(독창성), Competition(경쟁력)'이라고 하는 기업의 핵심 4요소에 대한 정의도 있으니 빠뜨리지 말고 꼭 확인하길 바란다.

그러면 지금부터는 본격적으로 LG화학의 자기소개서 문항에 대한 분석을 해 보도록 한다. LG화학 자기소개서는 아래와 같이 총 2문항, 각각 1000자와 500자씩 작성해야 한다.

••• LG화학의 비전

차별화된 소재와 솔루션으로 고객과 함께 성장하는 세계적 기업

- **차별화된 소재와**: 가격과 성능 면에서 경쟁사를 능가하고 고객의 제품 성능을 향상시키는 소재, 고객 사업 성공을 위한 최적의 소재를 제공한다.
- **솔루션으로**: 고객의 문제점을 파악하고 제품, 서비스 및 지식을 결합해 고객에게 맞춤화된 가치를 제공함으로써 문제를 해결하고 성과를 향상시킨다.
- **고객과 함께 성장하는**: 고객에게 차별화된 가치를 제공함으로써 고객의 발전과 성공을 돕고, 이를 바탕으로 당사도 함께 성장해 나간다.
- **세계적 기업**: 고객의 신뢰하고 인정하는 회사, 투자자들에게 가장 매력적인 회사, 인재들이 선망하는 회사, 경쟁사들이 두려워하면서도 배우고 싶어 하는 회사가 된다.

1. 자신의 성장 과정 및 개인 특성, 장점을 중심으로 기술하여 주시기 바랍니다.
   [Guide] 성장 과정, 본인의 특성 및 성격(장/단점)을 자유롭게 기술해 주시기 바랍니다.(1000자 이내)

2. 관심 분야 및 희망 직무 중심으로 기술해 주시기 바랍니다.
   [Guide] 관심 분야 및 직무에 관련된 경험, 역량, 개인의 목표 및 비전 등을 자유롭게 기술해 주시기 바랍니다.(500자 이내)

1. 자신의 성장 과정 및 개인 특성, 장점을 중심으로 기술하여 주시기 바랍니다. [Guide] 성장 과정, 본인의 특성 및 성격 (장/단점)을 자유롭게 기술해 주시기 바랍니다.(1000자 이내)
2. 관심 분야 및 희망 직무 중심으로 기술해 주시기 바랍니다. [Guide] 관심 분야 및 직무에 관련된 경험, 역량, 개인의 목표 및 비전 등을 자유롭게 기술해 주시기 바랍니다.(500자 이내)

1번 문항은 성장 과정과 성격의 장단점을, 2번 문항은 지원 동기와 입사 후 목표를 물어보고 있다.

먼저, 성장 과정을 쓸 때는 내가 회사와 직무를 선택하는 데 영향을 주었던 사건이나 인물 중심으로 내용을 구성하면 좋다. 다음으로 성격의 장단점은 회사 생활이나 직무 수행에 치명적이지 않은 것들로 선택해야 한다.

자기소개서 2번 문항은 '관심 분야와 직무 위주로' 작성하라고 명시해

••• LG화학의 자소서 문항 분석-2

1번 질문은 지원자가 어떤 가치관을, 왜 갖게 되었는지 듣고 싶어서 하게 되는 질문입니다. 만약 성장 과정과 성격의 장단점에 관한 내용을 분리해서 작성할 것이라면 절반 정도의 비중으로 쓰되, 성장 과정을 쓸 때는 인생 전체를 나열하지 않아야 합니다.

대신 지원 회사와 직무에서 꼭 필요한 역량이나 성향에 초점을 맞춰 서술해 보세요. 특정 인물이나 사건을 통해 해당 역량을 얻게 되었으며 그것이 회사 생활과 직무 수행에 어떻게 도움이 될 수 있을지 쓰면 됩니다.

성격의 장단점을 쓸 때도 지원 직무에 필요한 특성, 역할에 맞춰서 장점을 꼽아야 합니다. 그러한 장점을 통해 긍정적인 결과나 교훈을 얻었던 사례를 이야기할 수 있겠지요. 단점에 대해서는 회사 생활이나 직무 수행에 치명적이지 않는 것을 고르되, 그것을 극복하기 위한 구체적인 노력과 함께 써 보세요.

2번 문항은 지원 동기 및 입사 후 포부라 할 수 있습니다. LG화학에서는 '관심 분야 및 희망 직무 중심으로' 작성해 달라는 말이 있기 때문에 반드시 직무에 대한 공부를 많이 한 다음 해당 내용을 작성해야 합니다.

지원 동기는 직무에 필요한 핵심 역량이 무엇인지 정의하고, 그 역량을 키워온 과정, 향후 회사 생활을 하면서 어떻게 업무에 활용하고 싶은지를 설명하면 됩니다. 회사와 직무에 대한 충분한 고민 후 작성해 보세요.

입사 후 포부에 대해서는 나의 목표와 구체적인 실행 방안도 제시해야 합니다. 1년차, 3년차, 5년차, 10년차로 나누거나 직급에 따라 작성할 수도 있습니다.

1번 문항: 성장 과정과 성격의 장단점을 작성하는 문항입니다. 회사 생활이나 직무와 동떨어지지 않는 내용으로 구성하는 게 중요합니다.
성장 과정 문항은 일대기 전체에 대한 내용보다는 자신의 직업관에 영향을 준 사건이나 인물 위주로 작성하는 게 좋습니다. 성격에 대해서도 일을 할 때 치명적이지 않는 내용으로 구성해 보세요!

2번 문항: 지원 동기 및 입사 후 포부에 대해 써야 합니다. 관심 분야 및 희망 중심으로 작성하라는 말이 있으니 반드시 직무와 연관된 지원 동기와 입사 후 계획으로 작성해 보세요!
지원 동기를 쓸 때는 직무에 필요한 핵심 역량이 무엇인지 정의하고 내가 그 역량을 키운 과정, 향후 회사 생활에 어떻게 적용할지를 이야기 합니다.
입사 후 포부는 두루뭉술하게 '맡은 바 열심히'라고 쓰지 말고 최대한 구체적으로 쓰는 것이 좋습니다.

두었다. 따라서 직무에 관해 충분히 공부하고 숙지하는 것은 필수다. 최대한 구체적으로 작성하면 좋다.

금융, 물류, 제약회사
공략법

이 챕터에서는 실제 합격한 지원자들의 자소서를 통해 성공하는 자소서 작성법을 익혀 보고자 한다. 금융 및 물류, 제약 분야의 대표적인 기업들의 실제 자소서 문항을 그대로 발췌하였으므로 취준생들에게 실질적인 도움을 줄 수 있으리라 확신한다.

　일반적으로 자소서는 문항별로 글자 수가 정해져 있고, 기준을 맞추지 않으면 입력 자체가 되지 않으므로 정해진 글자 수 안에서 최적의 필수, 핵심 문장들로 구성해 내는 연습이 필요하다. 따라서 글자 수는 항상 염두에 두어야 한다. 이런 점에서 취준생 여러분들이 글자 수도 정확히 맞춘 아래 예시들을 통해 반복 학습한다면, 문항에 적합한 효과적인 자소서 작성이 가능하리라 굳게 믿는다.

내가 말하는 '반복 학습'이란 이 책에서 제시하는 대표적인 합격 자소서들을 직접 필사하거나 자신의 경험이나 특기 및 상황 등을 이와 비교해서 작성해 보는 것을 말한다. 공부에는 별다른 왕도王道가 없듯 자소서 학습도 마찬가지다. 이미 합격한 좋은 자소서를 많이 읽고, 쓰고, 나와 비교해서 생각해 보는 등 시간을 들여 학습하는 수밖에 없다.

지금부터 제시하는 모든 자소서는 가장 최신(2024년도)의 자료들로 구성하였으며, 실제 합격자의 세부 인적 사항을 기재하여 취준생 여러분들이 자신의 스펙과 비교 분석해서 볼 수 있도록 했다. 그럼 지금부터 아래의 실제 합격 자소서들을 꾸준히 익혀 보자.

새마을금고중앙회

〈기본 정보 및 인적 사항〉
- 기본 정보: 2023년 하반기 / 신입 / 금융영업
- 합격자 정보: 지방 4년제 사회복지학과 / 학점 3.2 / 인턴 1회

문항 1〉 새마을금고에 지원한 동기와 새마을금고가 지원자를 채용해야 하는 이유를 본인의 역량, 강점, 경험 등 사례를 들어 작성해 주십시오.
[열 번의 일반 고객보다 한 명의 조합원을 진심으로 섬기겠습니다]

지역과 사람 중심의 금융기관 새마을금고에서 성수의 으뜸 직원으로 자리매김하고 싶습니다. 제가 추구하는 금융은 '멀리 보고', '오래 가는' 분야입니다. 단기간의 실적, 성과에 급급하기보다 긴 호흡으로 고객과 함께 성장해 나가고 싶습니다. 저는 영업 현장에서 영업 직무를 수행하고, 이들을 지원하는 지원 센터에서 든든한 뒷받침을 담당하고 있습니다. 보험대리점 영업 직무 근무를 통해 다양한 고객을 마주하며, 월 평균 10건 정도의 생명 및 손해보험 상품 계약을 체결했습니다. 그리고 계약 체결 이후에도 고객을 꾸준히 섬기며 충성 고객으로 이끌어 냈습니다. 새마을금고는 공제 상품에 강점이 있습니다. 저는 일반 업무를 보러 온 조합원을 대상으로 새마을금고만의 공제 상품의 계약 체결을 높이겠습니다. 이를 통해 지점의 영업 실적을 높이고, 조합원에게 질 높은 금융 서비스를 제공하겠습니다.

문항 2〉 협업하는 과정에서 구성원 간 갈등 상황 등 어려웠던 사례를 기술하고, 이를 해결하기 위한 노력과 그런 경험에서 무엇을 느꼈는지 작성해 주십시오.

○○시 노인복지관에서 사회복지 현장실습 과정에 참여하며 2주간 '노인대학 프로그램' 일정을 소화했습니다. 이 프로그램은 어르신들이 각자 희망하는 문화 강좌를 신청하고 현금 접수를 합니다. 저희 실습생들은 이 과정에서 어르신들의 현금 수납과 전산 업무를 담당했습니다. 그러나 근무 도중 현금 수불 과정에서 거스름돈을 더 거슬러주는 문제가 생겼

습니다. 3일차까지 일정이 끝나고 시재 점검을 해 보니 약 8만 원의 금액이 모자랐습니다. 실습생들은 이 상황에서 서로 '네 탓'을 하며 언쟁을 벌였습니다. 실습생 대표인 저는 남은 7일간의 일정은 무사히 마쳐야겠다는 생각에 실습생들에게 '분업'을 강조했습니다. 예를 들어 한 여학생은 전산 업무만 담당하고, 다른 친구는 현금 수불 관리에 신경 쓰도록 역할을 나누었습니다. 또한 현금이 오갈 때는 다른 실습생에게 확실하게 '콜'을 하며 실수를 줄여 나갔습니다. 그 결과 남은 7일 동안은 시재 오차 없이 업무를 마무리 지을 수 있었습니다.

문항 3〉 포기하지 않고 끈기 있게 노력하여 목표를 달성했던 사례 또는 탁월한 성과를 달성한 사례에 대해 구체적으로 작성해 주십시오.

2018년 ○○사회 공헌재단에서 주최한 '제○회 ○○ 사회 공헌 아이디어 공모전'에서 대상보다 값진 장려상을 수상했습니다. 참신한 아이디어를 발굴하기 위해 여러 가지 생각을 했고, ○○은행 영업점의 유휴 공간을 활용한 '북카페' 조성을 떠올렸습니다. 대회 준비 기간이 넉넉지 않았지만, ○○은행의 오프라인 지점의 특성을 알아보기 위해 최대한 많은 지점을 방문해야 했습니다. 하지만 ○○ 지역의 ○○여 개 가까이의 지점을 방문하기에는 역부족이었고, 주요 거점을 중심으로 방문했습니다. 이에 시내 중심부, 대학교 지점, 신축 지점을 방문해 유휴 공간의 규모와 방문 고객의 특성을 파악했습니다. 그리고 성별 및 연령 등 항목별로 분류해 해당 지점의 북카페를 SWOT 분석했습니다. 총 20개의 거점형 지점 방문을 통해 저희 아이디어의 표본을 조사할 수 있었고, 은행 심사위원에게 좋은 평가를 받았습니다. 그리고 땀과 노력으로 이루어낸 결과는 대상보다 값진 장려상으로 보답을 받았습니다.

삼성카드

〈기본 정보 및 인적 사항〉

- 기본 정보: 2023년 하반기 / 신입 / 영업관리
- 합격자 정보: 서울 4년제 일어일문학과 / 학점 4.19 / 토익 840 / 제2외국어 1개 / 자격증 3개 / 인턴 2회 / 동아리 2회 / 자원봉사 1회

문항 1〉 본인의 성장 과정을 간략히 기술하되 현재의 자신에게 가장 큰 영향을 끼친 사건, 인물 등을 포함하여 기술하시기 바랍니다.(1500자 이내)

고등학교 1학년 시절 1000명의 관객에게 위로를 준 경험이 있습니다. 제가 가장 존경하는 인물이자 영향을 받은 인물은 어머니였고, 현재의 가치관에 큰 영향을 주셨습니다. 이에 대한 내용은 관객을 대상으로 발표하기도 하였으며, 힘든 상황을 긍정적으로 극복했던 경험을 전달하고, 공감을 받을 수 있었습니다. 특히 어머니께서 강조하셨던 것은 소통 능력이었습니다. 이에 저 또한 누군가와 직접 대화하고 공감을 이끌어 내는 능력이 가장 중요하다는 가치관을 가지게 되었습니다. 강연의 경험을 통해 저는

자연스럽게 '소통의 힘'을 깨닫게 되었습니다. 평상시 부드러운 성격으로 주변에서 신뢰받았기 때문에 이러한 특성과 더불어 소통 능력을 키운다면 누군가에게 공감과 신뢰를 줄 수 있었다고 생각했습니다. 이후로 소통 능력을 자연스럽게 사용하고 키우게 되었습니다. 대학 재학 기간 중 장학생 모임인 ○○회에서 약 4년 7개월간 활동해 오고 있으며, 이 활동 속에서도 소통 능력을 활용할 수 있었습니다. ○○회에는 크게 재단 직원, 동문회, 재학생이라는 이해집단이 있으며, 각 집단의 소통이 무엇보다도 중요했습니다. 저는 ○○회의 47기 대표로 활동하며 세 집단의 의견을 수렴하고 타협점을 찾는 역할을 했습니다. 이 과정에서 경영학부 비즈니스 협상에서 배웠던 협상 기술을 실제로 사용해볼 수 있었고, 적극적인 퍼스트 오퍼와 바트나를 통해 ○○재단과 동문회로부터 각각 지원을 받을 수 있었으며, 재학생들에게 가장 효과적이고 효율적으로 혜택을 제공할 수 있었습니다. 이외에도 ○○ 홍보대사, ○○구 대학생 멘토단, 지역 상생 서포터즈 등 학생을 비롯하여 시장 상인까지 다양한 이해관계자와 가장 가까운 곳에서 만날 수 있는 활동에 지원해 왔습니다. 이를 통해 직접 대면하고 대화하는 과정에서 이해관계자를 이해하고 설득하는 능력을 지속적으로 키울 수 있었습니다. 이처럼 부드러운 성격과 소통 능력은 사람들에게 신뢰감을 주고, 이해관계를 가진 집단이 서로 만족할 수 있도록 도움을 줄 수 있었습니다.

문항 2〉 최근 사회 이슈 중 중요하다고 생각되는 한 가지를 선택하고 이에

관한 자신의 견해를 기술해 주시기 바랍니다.(1000자 이내)

　최근 국내에는 저출산, 고령화의 문제가 지속적으로 대두되고 있습니다. 이러한 문제는 다양한 사회적 정책을 통해 다루어지고 있으나, 매년 최저 출산을 기록하는 등 우리나의 인구는 점차 감소할 것으로 보이는 것이 일반적인 시선일 것입니다. 이에 따라 대학 내 재학생 구성 또한 변화하고 있습니다. 가장 최근에 이수했던 경영 수업의 경우 수강생 상당수가 외국인 유학생이었으며, 일어일문학과 4학년에는 총 11명의 일본인 유학생이 재학 중에 있습니다. 다른 외국인 유학생까지 고려한다면 유학생의 규모는 상당한 수준입니다. 이처럼 특정 수업, 학과에서는 외국인이 다수를 차지하는 경우도 지속 나타나고 있습니다. 대학교는 우리나라의 미래라고 생각합니다. 미래에 사회를 이끌어갈 인재들이 공부하는 곳이 대학교이기 때문에 미래 대한민국의 주요 인재들은 우리나라 사람들만이 아닐 것입니다. 우리나라에 대한 세계의 관심이 높아진 상황 속에서 외국의 인재를 보다 적극적이고 개방적으로 받아들일 필요가 있다고 생각합니다. 또한 내수 시장을 대상으로 하는 기업의 고객은 더 이상 내국인만을 대상으로 해서는 안 될 것이라고 생각합니다. 저는 특히 일본에 주목했습니다. K-POP의 영향으로 일본인들이 한국에 대한 관심은 높은 편이며, 많은 일본인들이 워킹 홀리데이 및 유학지로 우리나라를 선택하고 있습니다. 그들 또한 소비를 하는 소비자이자 기업에게는 고객이기 때문에 보다 다각적인 영업과 마케팅이 필요할 것입니다. 삼성의 브랜드 파워라는 강점과 더불어 새로운 고객층의 유입을 활용하는 것은 회사에 큰 전략이 될 것이라고 생각합니다.

문항 3〉 지원 직군과 관련한 성공 경험 또는 입사 후 직무 관련 성과 창출을 위해 본인이 지금까지 개발한 역량 및 노력에 대해 기술해 주시기 바랍니다.(1000자 이내)

○○공사 공식 계정을 관리하는 업무가 제 업무였고, 팔로워 증가 및 지역 관광 홍보를 위해 '영 데이' 이벤트를 담당하고 직접 기획하였습니다. 해당 기획은 3개월 동안 진행되었으며, 매달 3일에 이벤트를 개최하여 총 3회를 진행하였습니다. 이를 통해 기획서를 작성하고 보고 체계를 지키는 등, 프로젝트 기획 전반을 경험할 수 있었습니다. 하지만 기존에 설정된 대상 층에 대해 의문을 품게 되었습니다. 기존의 타깃 층은 ○○지역과 그 인근 지역이었으며, 나이대도 40대 이상으로 설정되어 있었습니다. 저는 ○○ 지역을 새롭게 방문할 관광객은 ○○ 지역만이 아니라고 생각하여, 타깃 층을 광역 도시 거주자로 변경하였습니다. 또한 인스타그램 특성상 사용자 나이대가 낮다는 것을 고려하여 연령대를 10~40대로 설정하였고, 이 결과 팔로워가 더욱 가파르게 상승하는 것을 확인할 수 있었습니다. 이를 바탕으로 분석적인 사고가 무엇보다도 중요하다는 것을 이해할 수 있었고, 이를 바탕으로 같은 기업 내에서 '○○ 강소형 잠재 관광지' 심사를 진행하였을 때, 심사 과정에서 발생한 문제를 빠르게 파악하고 불이익을 최소화한 경험이 있습니다. 아울러 관광지 심사 보조로 ○○시, ○○군 등을 방문하였고, 일부 심사위원이 심사 위치에서 이탈하는 문

제를 확인했습니다. 이 상황에서 심사위원 명단을 재차 확인하고, 이탈한 분 중 대부분이 고령이라는 것을 확인하였습니다. 높은 산에 올라 관광지 심사가 불가능하다는 판단에서 보고 체계에 맞춰 과장님과 차장님께 보고 후, 심사 장소의 영상을 촬영하여 심사를 도울 수 있었습니다. 그 결과 ○○군의 ○○ 관광지는 불이익 없이 평가받아 강소형 관광지로 선정될 수 있었습니다. 상기 두 경험을 통해 상대방과 소통하고 설득하는 능력을 키울 수 있었습니다.

현대캐피탈

〈기본 정보 및 인적 사항〉

● 기본 정보: 2023년 하반기 / 신입 / 백엔드개발자

● 합격자 정보: 수도권 4년제 컴퓨터공학과 / 학점 3.83 / 토익 945 / 오픽 IM1 / 자격증 3개 / 수상 3회 / 동아리 1회 / 교내활동 1회

문항 1〉 현대캐피탈에 지원하게 된 동기와 지원 직무에 필요한 역량을 기르기 위해 노력했던 경험을 기술해 주십시오.(최소 300자, 최대 500자 입력 가능)

제가 개발자로서 가지고 있는 목표는 사람들의 삶을 더 편리하게 하는 것입니다. 제가 만든 프로그램 덕분에 사람들의 시간이 절감되거나 삶의 개선을 지켜보는 것이 개발의 원동력입니다. 국내 자동차금융 시장 1위인

현대캐피탈에서 많은 고객들을 대상으로 빠르고 안정적인 서비스를 제공하는 데 기여하였을 때, 많은 고객들의 경험을 개선할 수 있고 회사에 기여할 수 있을 것이라 생각하여 지원하게 되었습니다. 학부 과정 중 전공 77학점을 이수하였고, 교내 연계 프로그램을 통해 계절학기에 스타트업에서 2회 현장실습을 하였으나, 프로젝트 경험을 더 쌓기 위해 현재 삼성청년 SW아카데미에 입과하여 교육받고 있습니다. SSAFY 교육과정에서 우수한 성적을 거둬, 1학기 성적 우수상을 수여받았고, 'WebRTC 기반 비대면 단체 클럽 사이트'에 Spring/JPA 백엔드 파트 및 Jenkins와 Cloudflare CDN을 비롯한 인프라 담당으로 참여하여 프로젝트 우수상 및 협업 베스트 멤버로 선정되었습니다.

문항 2〉 실패에 대한 두려움을 극복하고 새로운 일에 도전하여 깨달음을 얻은 경험에 대해 기술해 주십시오.(최소 300자, 최대 500자 입력 가능)

SSAFY에서 우수 교육생으로 선정되어, 삼성리서치 연계 오픈소스 프로젝트 OneOn-Device Neural Engine에 Quantization Parameter Importer라는 모듈 개발에 참여하게 되었습니다. 생소하고 학습할 자료도 부족한 Quantization과, PyTorch, Tensorflow, One과 같은 프레임워크에 대한 지식이 필요하여 프로젝트에 대한 큰 걱정을 하게 되었습니다. 하지만 팀원들과의 학습과 업무 분담을 비롯한 협업을 통하여 주어진 프로젝트 목표를 달성하였고, github에서 오픈소스에 기여하는 것에 대한 막연한 두려움을 벗어나 Issue를 만들고 Pull Request를 통해 실제 기여해 볼 수 있었고, 우수 프로젝트로 선정 될 수 있었습니다. 실패를 두렵더라도 이를 이겨내고 도전한다면, 극복할 수 있는 능력이 주어져 있고 목표를 달성할 수 있기 때문에 그 무엇이라도 우선 시도와 도전을 하는 것이 중요하다는 것을 배울 수 있었습니다.

문항 3〉 가치관이 다른 구성원들과 협업했던 과정에서 본인의 역할은 무엇이었는지, 그 경험을 통해 어떤 역량이 향상되었는지 기술해 주십시오.(최소 300자, 최대 500자 입력가능)

SSAFY에서 프로젝트를 진행하던 도중 어느 정도까지 보안을 고려해야 하는지에 대한 가치관이 팀원과 달랐던 적이 있습니다. 사소한 부분에서라도 보안적 요소를 고려할 수 있다면 적용해야 한다는 생각이었으나, 모두 고려하였을 때 구성이 너무 복잡해진다는 반론으로 인해 각 요소에 대해 실제 필요한 작업과 생략할 수 있는 부분으로 나눠 생각해 볼 수 있었습니다. 실제 flow를 생각해 보았을 때 악의적인 공격이 존재할 수 있어 절대 타협할 수 없는 부분과, 흐름 상 이전 작업에 종속되어 있어 악의적인 공격의 가능성이 낮은 부분으로 나눈 뒤, 후자의 경우 주석으로 실서비스 시 추가적으로 고려할 보안적 요소를 남기게 되었습니다. 이 과정을 통해 협업에서 가치관이 다른 팀원을 만나더라도 논리적인 사고를 바탕으로 서로 양보하여 맞추는 것과 지켜야 하는 것은 지키는 것을 배우게 되었습니다. 또한, 각 요소에 대해 논리적으로 발생할 수 있는 경우를 따지는 능력을 얻게 되었습니다.

우리은행

〈기본 정보 및 인적 사항〉
- 기본 정보: 2023년 상반기 / 신입 / 금융영업
- 합격자 정보: 서울 4년제 경영학과 / 학점 3.6 / 토익 855 / 토스 Level5 / 자격증 2개 / 사회 활동 2회

문항 1〉 우리은행에 지원하게 된 동기와 입행 후 이루고 싶은 목표를 구체적으로 작성해 주세요.(600자 이내)

현대 사회에서 금융 기관은 많은 역할을 수행한다고 생각합니다. 바로 화폐 경제 사회이기 때문입니다. 자본주의 경제 사회에서 많은 역할을 담당하고 있는 우리은행에서 제가 그동안 쌓아 온 전문성을 바탕으로 전문적인 역량을 발휘해 보고 싶었습니다. 또한 그동안의 다양한 경험을 통해 고객 상담과 고객 관리 업무 고객에게 적절한 솔루션을 제공함으로써 고객이 만족하는 모습을 볼 때 보람을 느낄 수 있었다고 생각합니다. 또한 그동안 회계 및 세무 분야의 역량을 쌓아 오기 위해 노력했다고 생각하기 때문에 해당 업무를 효과적이고 효율적으로 수행할 수 있다고 생각했습니다. 저의 이런 전문성을 바탕으로 우리은행에 입사하여 저의 전문성을 발휘해 고객 만족을 이루고 그에 더해 우리은행의 매출액 증대와 기업 이미지 제고에 기여하는 직원으로 성장하고 싶습니다. 아울러 입사 후에는 자격증 취득과 MBA 수학 등을 통해 자기 계발도 게을리하지 않는 직원

이 되고 싶습니다.

문항 2〉 지원한 직무와 관련하여 본인만의 경쟁력은 무엇이며, 이를 얻기 위
해 노력했던 구체적인 사례를 작성해 주세요.(700자 이내)

저는 무엇보다 회계 및 세무 분야에 대한 전문성에 자신이 있다고 생각
합니다. 지난 2019년 세무사 시험에 합격한 경험이 있습니다. 세무사 시
험을 준비하는 과정은 쉽지 않은 과정이었습니다. 1차 시험의 합격은 그
렇게 어렵지는 않았지만 세무사 2차 시험의 벽을 넘는 것이 저에게는 매
우 큰 도전이었다고 생각합니다. 저는 세무사 시험을 준비하면서 때론 세
법의 방대한 양 앞에 좌절을 경험하기도 하고 아무리 열심히 공부해도 문
제가 잘 풀리지 않거나 이해가 되지 않는 부분이 있었습니다. 저는 그럴
때마다 포기하지 않고 학원 강의를 수강하거나 회독수를 늘리고 틈틈이
학원에서 진행하는 모의고사에 참여하여 회계와 세무 실력을 키워갔습니
다. 항상 하루에 최소 8시간 이상은 공부를 하려고 노력했고 시간이 점점
지날수록 회독수가 늘어나면서 예전에는 이해가 되지 않던 부분이 이해
가 되고 암기가 되는 경험은 나 자신이 발전하고 있다는 뿌듯함과 성취감
을 느낄 수 있는 계기가 되었다고 생각합니다. 그래서 결국은 네 번의 2차
시험 끝에 세무사 자격시험에 합격할 수 있었습니다. 세무사 2차 시험을
준비하는 경험을 통해 무엇이든 꾸준히 노력하면 이뤄낼 수 있다는 저 자
신에 대한 자신감을 가질 수 있는 계기가 되었습니다.

문항 3〉 구성원들과 협업하면서 어려움을 겪었던 상황과 이를 극복하기 위해 노력했던 부분을 작성해 주세요.(700자 이내)

저는 대학 시절 재무관리 수업을 들은 경험이 있습니다. 교수님께서 학교 수업 이외에도 어느 한 기업을 선정하여 재무비율을 조사하고 그에 따른 문제점 등을 조사하라는 팀 과제를 내주신 적이 있습니다. 저는 선배 2명 그리고 동기 1명과 함께 팀을 이루어 과제를 수행하였습니다. 선배 2명 중에 한 명이 취업을 준비하는 마지막 학기에 재학 중인 선배여서 팀 모임에 자주 불참하는 상황이 발생하였습니다. 그래서 처음 조 모임이 제대로 진행되지 않는 어려움을 겪었습니다. 저희 조는 여러 번의 협의 끝에 마지막 학기에 재학 중인 선배에게는 최소한의 과업만을 배분하고 나머지 3명이 그 선배의 몫까지 조금 더 배분하여 과제를 수행하였습니다. 저는 선정된 기업의 재무비율을 조사하고 발표한 자료의 일부를 제작하고 마지막 수업시간에 발표를 맡아 진행하였습니다. 저는 선정된 기업의 재무비율을 조사하면서 교과서에서만 봐왔던 이론을 실제 기업에 적용함으로써 문제점 등을 생각해 보는 과정을 통해 교과서를 통해 배웠던 이론을 조금 더 구체화할 수 있는 계기가 되었다고 생각합니다. 이후 명확한 협업 아래 시너지를 더할 수 있었고 최종적으로 A학점을 받으며 공동의 목표를 달성할 수 있었습니다.

한진

〈기본 정보 및 인적 사항〉

● 기본 정보: 2022년 하반기 / 신입 / 물류관리자

● 합격자 정보: 수도권 4년제 무역학부 / 학점 3.77 / 토익 990 / 제2외국어 1
개 / 자격증 6개 / 인턴 2회 / 동아리 1회

문항 1〉 성장 과정을 기술하시오.(1000자 이내)

최전방에서 복무하며 미군과 임무를 수행했던 경험은 저의 삶을 바꾸
는 기회가 되었습니다. 어렸을 때부터 외국의 음악을 들으며 타국에 대한
호기심을 가지게 되었습니다. 이러한 호기심으로 대학에서 일본어를 전
공하게 되었습니다. 외국어를 공부하고 유학생들과 생활하며 세계와 소
통할 수 있는 역량을 길러 왔습니다. 이후 입대하게 된 군에서 해당 능력
을 인정받아 특별한 보직에서 근무할 기회를 얻을 수 있었습니다. 다양한
배경을 가진 미군과 최전방에서 함께 임무를 수행하고 함께 소통하는 과
정에서 그들의 문화를 자연스럽게 접할 수 있었습니다. 해당 경험을 통해
타국에 대한 막연한 호기심은 더 큰 세계로 경험하고 싶다는 강한 동기 부
여로 변해갔습니다. 이에 전역 후 언어 능력을 가장 많이 활용할 수 있는
무역으로 전공을 바꾸게 되었고 관련 공부를 시작하게 되었습니다. 남들
보다 늦게 공부를 시작하였지만, 전공 공부와 함께 자격증 공부를 병행하
면서 물류관리사와 국제무역사 등을 취득하며 물류 직무를 수행할 수 있

는 역량을 길러 왔습니다. 대학을 졸업하고 이러한 언어와 물류의 역량을 실무에서 활용하기 위해 슈퍼겐코리아에서 B2C 해외영업 담당자로 직무를 수행하였습니다. 아마존 플랫폼을 활용하여 일본 시장에서 아이폰 케이스를 판매하면서 일본 바이어와의 미팅에 통역으로 참가하거나 일본 웹 미디어 업체와의 계약을 진행하여 PR 기사를 송출하는 등 언어적 역량을 실무에서 발휘하였습니다. 또한 일본 아마존 창고로의 배송에 지연이 발생하는 이슈에 즉각적으로 대응하는 등 물류에 대한 업무도 경험할 수 있었습니다. 처음 업무를 진행하면서 책임감을 느껴 자신의 업무 범위가 아닌 부분까지 진행하는 등의 시행착오를 겪기도 하였지만 업무에 적응하면서 다양한 플랫폼을 활용하여 전년 대비 1.2배의 매출을 달성할 수 있었습니다. 하지만 다양한 물류 이슈에 대응하지 못함에 답답함을 느끼게 되어 원산지관리사를 공부하기 하였지만 새로운 물류의 흐름을 경험하기 위해 새로운 도전을 결심하게 되었습니다.

문항 2> 일반적으로 경험하기 힘든 특별한 체험이나 남다른 성취 경험을 기술하라.(1000자 이내)

대학에서 물류를 공부하고 자격증들을 취득하는 과정에서 실무에 대한 지식을 공부할 수 있었지만, 해당 내용이 어떻게 실무에서 활용할 수 있는지에 대한 의문을 가지게 되었습니다. 이러한 질문에 해답을 찾기 위해 포스코 인터내셔널에서 진행한 멘토링 프로그램에 참가하게 되었습니다. 해당 활동을 통해 자동차 프레임을 중동에 수출하는 과정을 경험하며 물류 실무 과정에 참여할 수 있었습니다. 해당 경험을 통해 실무에서 저의 물류에 대한 역량을 활용하기 위해서 필요한 것은 비즈니스 현장에서 활용할 수 있을 정도의 어학 실력이라는 것을 알게 되었습니다. 이것을 위해 제가 부족하다고 느꼈던 비즈니스 영어에 대한 부분을 채울 수 있는 해외에서 활동하는 인턴이나 문화 교류 프로그램들을 찾아보게 되었습니다. 하지만 코로나로 인해 관련된 프로그램들이 취소되거나 출국이 예정되어 있던 것들 또한 원격 활동으로 전환되기도 하였습니다. 그렇지만 저는 오히려 그러한 부정적인 상황을 특별한 경험으로 변화시켜 저의 어학적인 능력을 보완하는 기회로 만들었습니다. 홍콩에서 진행하는 Prudential HK Distance internship과 뉴욕에서 진행하는 Montclair State University Disney Preparatory Program 모두 비대면으로 진행되었기 때문에 두 프로그램을 동시에 참여할 수 있었습니다. 시차를 활용하여 새벽에는 뉴욕에서 미국 학생들과 디즈니의 고객 서비스에 대한 교육과 교수님과의 1 대 1 멘토링을 통해 비즈니스 마인드를 배울 수 있었고, 오전부터는 싱가포르와 중국에서 온 분들과 함께 팀을 이뤄 보험에 대한 업무와 과제를 진행하였습니다. 매일 미국과 홍콩을 웹 프로그램을 통해 30초 만에 넘나드는 특별한 경험은 마치 미국과 홍콩에서 동시에 생활한 것과 같은 느낌을 가지게 만들었고 프로그램들의 수료 때에는 마치 장기간 어학연수를 경험한 것과 같이 타국에 대한 이해와 현실감 있는 언어적 역량을 기를 수 있었습니다.

문항 3〉 물류에 대한 가치관을 기술하시오.(1000자 이내)

물류란 육아와 비슷하다고 생각합니다. 모든 것이 완벽하게 정리된 상태라도 어떠한 변수가 발생할지 모르고 작은 실수가 커다란 결과를 불러오기 때문입니다. 하지만 그렇기 때문에 저에게 맞는 직무라고 생각했습니다. 인천 장봉도의 김을 브라질 상파울루의 시장으로 수출하는 FOB 경로를 설계해 본 경험이 있습니다. 내륙 운송 회사와 여객선 회사를 통해 세부적인 일정을 조율하고 비용을 계산하는 과정은 쉽지 않았습니다. 시간이 조금만 어긋나도 막대한 비용과 인적 손해가 발생하였습니다. 하지만 물류 경로가 정확하게 작동하는 것을 보며 우리나라의 좋은 상품을 새로운 시장으로의 길을 만드는 설렘을 느낄 수 있었습니다. 이에 저는 더 많은 상품을 이어 주는 길을 만들어 보고 싶어 물류에 관심을 가지기 시작했습니다. 물류에서 가장 중요한 것은 고객 만족을 달성하는 것이라고 생각합니다. 국내외 많은 선사와 포워딩 업체들이 경쟁하고 있는 지금의 시장에서 화주의 결정을 이끌어 내는 것은 결국 회사의 브랜드 가치에서 오는 신뢰성이라고 생각합니다. 저는 Montclair State University Disney Prepatoty Program을 통해 기업의 브랜드 가치의 중요성을 배웠습니다. 디즈니의 직원들과 소통하며 항상 고객의 시선에서 모든 것을 꼼꼼히 점검하는 모습을 배울 수 있었고 이것을 화주를 위한 방법으로 활용하여 한진의 브랜드 가치를 전 세계에 각인시키고 싶습니다. 또한 물류의 경우 다양한 이슈가 발생하고 작은 이슈라도 막대한 시간 지연과 비용 손해가 발생하기 때문에 항상 직무에 대한 넓은 지식과 신기술에 대한 열린 사고가 필요하다고 생각합니다. 예를 들어, 수에즈운하 사태에서도 북극 항로나 희망봉 항로에 대한 사전 인지가 없었다면 신속하게 대안과 비용을 산출하고 의사 결정을 진행하는 것은 불가능했을 것입니다. 저는 신속한 이슈 대응을 위해 유통부터 원산지 관리까지 광범위한 범위의 물류 과정을 공부하고 관련 자격증들을 취득하여 직무에 넓은 이해를 갖춰 왔습니다.

CJ대한통운

〈기본 정보 및 인적 사항〉

- 기본 정보: 2023년 상반기 / 신입 / 물류관리자
- 합격자 정보: 지방 4년제 인도네시아 · 말레이시아어과 / 학점 3.59 / 토익 905 / 토스 IM3 / 자격증 4개 / 해외경험 1회 / 인턴 1회 / 자원봉사 1회

문항 1〉 지원하신 직무를 수행하기 위해 필요한 역량을 기르고자 어떤 노력을 했는지 구체적인 사례에 근거하여 서술해 주세요.(500자)

〔물류 지식 습득과 동향 파악 능력〕

외국어를 전공하며 차별화된 역량을 갖추기 위해 국제무역학을 복수 전공했습니다. '무역 상무론', '국제 운송 물류론', 그리고 'FTA 법규와

품목 분류' 등의 강의를 수강하며 물류와 무역 분야 전반을 이해했습니다. 나아가 2018 국제 조선해양산업전 및 2019 KITA 해외 마케팅 종합대전에서 인도네시아 바이어와 국내 수출업체 간 수출입 계약을 성사했습니다. 이론으로만 배웠던 FOB, CIF 등의 Incoterms 조건과 L/C 그리고 B/L과 같은 결제, 운송 조건을 사용하며 계약 실무를 경험했습니다. 이를 바탕으로 유통관리사, 무역영어, 그리고 물류관리사 자격증을 취득하며 유통, 무역, 물류 제반의 전문성을 갖추었습니다. 이에 멈추지 않고 현재 『CLO』, 『코리아 쉬핑 가제트』 및 『월드 마리타임』 등의 물류 신문을 구독하며 글로벌 물류 트렌드를 신속히 파악하기 위해 노력하고 있습니다.

문항 2〉 실패한 경험에 대하여 서술해 주세요.(500자)

〔판매율 30퍼센트 이상 높이기〕

아웃도어 의류 매장에서 근무했던 2020년은 COVID-19 상황 속에서 전년 대비 매출이 50퍼센트 가까이 줄어 매장의 존폐가 달린 해였습니다. 6개월 내 전년 대비 판매율을 최소 30퍼센트 이상 달성해야만 했습니다. 먼저 동료들과 매장 유입률을 높일 방안을 논의했습니다. 첫째, 길거리에서 매장 위치 스티커를 부착한 물티슈를 배부하는 방법을 생각했습니다. 둘째, 고객이 회원 가입 시 등록한 연락처로 메시지를 보내어 매장 방문을 유도했습니다. 하지만 사회적 거리 두기 등으로 인해 외출을 삼가게 되어 모두 실패로 돌아갔습니다. 매장 자체의 문제가 아닌 사회적 상황에 의해 실패한 것이라 더욱 안타까웠습니다. 이 과정에서 급변하는 사회 환경에 신속히 대응해야 한다는 것을 느꼈습니다. 트렌드를 읽고 현실에 안주하지 않아야 한다는 것 또한 깨달았습니다.

문항 3〉 물류업계의 현재 트렌드와 미래 물류업의 전망에 대해 구체적인 근거를 포함하여 서술해 주세요. (500자)

[과도기] 현재 물류는 노동 집약 산업과 IT 기술이 만나 진화 중인 과도기에 있습니다. 물류 처리의 자동화와 로봇화의 요구가 커지는 가운데 운송, 보관, 재고관리를 복합적으로 수용할 수 있는 AMR, AGV 등의 물류 로봇 도입이 가속화되고 있습니다. 더불어 다품종 소량 물류로 인해 증가한 물량을 처리할 수 있는 설비는 물류 창고의 필수 요소가 되었습니다.

[성숙기] 물류 자동화를 거치며 경험이 쌓인 미래 물류 시장은 정밀한 처리가 요구되는 제조업 분야까지 확대될 전망입니다. 최근 고속 성장한 이커머스 분야는 2020년 약 485억 달러에서 2026년에는 약 890억 달러로, 연평균 11퍼센트의 성장률이 예측됩니다. 나아가 코로나 팬데믹으로 인해 글로벌 공급망 붕괴를 겪은 물류업계들은 JIT(적시 생산)에서 JIC(상황 대비 생산)으로 방향 전환 또한 고려해야 할 것입니다.

셀트리온제약

〈기본 정보 및 인적 사항〉

- 기본 정보: 2023년 하반기 / 신입 / 공무
- 합격자 정보: 4년제 로봇공학과 / 학점 3.89 / 토익 800 / 자격증 4개 / 인턴 1회 / 동아리 1회 / 교내 활동 1회

문항 1〉 Why Celltrion?(1000자 이내)

저는 코로나 팬데믹을 경험하며 일상에서의 바이오산업 중요성을 느껴 관심을 가지게 되었습니다. GMP 인증 과정은 매우 까다롭기에 공정의 시작부터 끝까지 검증과 규제, 재확인으로 이루어진다는 것이 같은 것을 재차 확인하는 제 성격과 비슷하여 바이오산업에 매력을 느끼게 되었습니다. 하지만 수많은 바이오 기업 중에서도 셀트리온 제약에 가장 큰 매력을 느낀 이유는 기업의 핵심 가치와 그 행보가 일치하기 때문입니다. 셀트리온 제약은 국내 최초로 코로나 치료제를 개발하여 치료제가 없는 상황에서 국가와 국민들을 한시름 놓게 해 주었으며, 유의미한 효과를 창출했기 때문입니다. 이에 우리 사회와 국가에, 더 나아가 인류에게 도움이 되고자 하는 셀트리온 제약의 포부와 상응하는 행보가 인상 깊었고 지속적인 성장에 함께하고자 지원했습니다. 이에 셀트리온 제약에 입사하게 된다면 이루고 싶은 목표가 있습니다. 우선 단기적으로는 셀트리온 제약이라면 그동안 접해 보지 못했던 수준 높은 공정 업무를 접할 수 있을

것이며 이 과정에서 선배님들의 업무 Know-how를 저의 Know와 함께 접목하여 어떤 방식으로 효과적으로 공정에 기여할 수 있는지 고민하는 과정 속에서 저의 역량을 발전시키는 것입니다. 또한 이러한 목표를 이루고자 기본이 되는 GMP 규정 이해를 위해 토익 950점, 토익 스피킹 AL 등급을 취득하도록 하겠습니다. 다음으로 중기적으로는 선배님들의 업무 지식을 흡수한 결과를 업무에 도입하여 저만의 Know-how로 발전시키고 싶습니다. 아울러 이를 기반으로 화학분석기사 자격증을 취득하여 연차에 맞도록 심화된 공정을 이해하고 있는 엔지니어로서 선배님들에게 신뢰받고 후배들에게 인정받는 동료가 되도록 하겠습니다. 아울러 장기적으로는 주요 업무뿐 아니라 다른 업무에 대한 이해도를 갖추어 전략적인 방향을 세울 수 있는 관리자가 되고 싶습니다. 이에 다양한 방면에서 생각할 수 있는 Special Generalist로서 셀트리온 제약의 세계 시장 발돋움에 일조하도록 하겠습니다.

문항 2〉 가장 관심 있게 들었던 전공과목과 해당 과목에서의 본인 장점을 기술하시오.(1000자 이내)

저는 '스마트 팩토리 실무' 및 '자동화 설비 유지 관리'를 가장 관심 있게 수강했습니다. 그 이유는 이론을 완벽히 숙지하고 이를 실무로 경험할 수 있는 것을 좋아하기 때문입니다. 또한 과제를 수행하며 설비에 대한 이해도와 생산 라인에 관한 분석력을 키울 수 있었기 때문에 더욱 집중력 있게 수업에 임했습니다. 저는 설비 지원 업무 수행에서 가장 우선시 여겨지는 능력은 문제 분석력과 꼼꼼함이라고 생각합니다. 그 이유는 신속한 Trouble Shooting에 있어 외부 요인과 내부 요인을 빠르게 분석하여 문제점을 고쳐내야 하기 때문이며, 설비를 정기적으로 꼼꼼하게 점검하여 Trouble 발생을 예방해 생산 효율 제고에 일조해야 하기 때문입니다. 저는 스마트 팩토리 실무 수업을 들으며 분석력을 키웠습니다. 구체적으로 공정 과정을 CIMON SCADA와 Lab VIEW 프로그램을 사용하여 에러 트렌드 관리 및 계측 제어 과제를 수행하며 외부 요인을 분석하는 습관을 습득했습니다. 또한 소형 팩토리 실무 과제에서 Trouble이 발생하면 5대 요소를 기준으로 고장 원인을 찾아내 내부 요인을 신속히 파악하는 과정을 통해 분석력을 키웠습니다. 또한 자동화 설비 유지 관리 수업을 들으며 꼼꼼함을 키웠습니다. 네트워크를 제작하는 수행 과제에서 작동 값을 보기 위해선 번번이 세부 항목을 설정해 화면을 직접 생성해야 했습니다. 이때 같은 항목을 중복 입력하는 오류가 빈번했고, 이를 개선하고자 제작된 항목을 메모장에 적어 체크하며 생성 항목이 중복되지 않도록 전산을 입력했습니다. 이후엔 사소한 항목까지 꼼꼼하게 체크하며 Trouble 발생을 예방하는 성과를 보여 A+ 학점을 취득했습니다. 상기 과목들을 수강하며 전공 지식뿐 아니라 분석력과 꼼꼼함을 키울 수 있었고, 이를 높게 평가해 주신 교수님의 추천으로 학부 행정 직원으로 근무했을 수 있었다고 생각합니다. 그렇기에 이러한 장점을 십분 발휘하여 셀트리온 제약의 공정에 임해 높은 업무 몰입력을 보일 수 있으리라 생각합니다.

문항 3〉 희망 직무를 수행하기 위해 준비한 것과 직무와 관련된 본인의 역량.(1000자 이내)

공정에서 가장 기본적이고 우선시 여겨지는 역량은 소통과 안전이라고 생각합니다. 제약 산업의 특성상 생산설비의 보수 및 부품 변경 과정에서도 GMP 규칙에 의거하여 업무를 수행해야 합니다. 그렇기에 보고 체계 아래에서 신속하고도 정확하게 해당 상황을 공유할 수 있도록 해야 합니다. 이와 함께 제품 생산의 모든 과정에서 작업자의 완벽한 안전을 추구하여 생산과 안전의 정도를 최고 수준으로 끌어올리는 것이 설비 운영 및 보전 업무의 중대 목표라고 생각합니다. 학부 시절 공정 이해를 위해 PC 기반 제어 수업에서, 원료에서 제품으로 출하되는 과정을 DA server를 통해 모니터링하여 Trouble 상황을 문서로 제출하는 주차 유형별 과제를 수행했습니다. 첫째 주 과제에서 낮은 점수를 받아 이에 대한 이유를 찾고자 하였고, 누구나 이해할 수 있는 판독성을 지니지 못했다는 것을 깨달았습니다. 이에 누구나 신속하게 상황을 파악할 수 있도록 객관적인 서류 양식을 만들어 과제를 제출하였고, 이후 항상 만점을 받았습니다. 이를 통해 누구나 쉽게 상황을 이해할 수 있도록 객관적인 기준을 두고 상황을 정리하는 습관을 들이게 되었습니다. 또한 학부 3학년 당시 전공 동아리에서 3D 프린터 출력을 담당한 바 있습니다. 당시 3D 프린터엔 국소 배기장치가 설치되어 있지 않았지만 이에 대한 지식과 경각심 없이 계속 사용해 왔습니다. 하지만 유해가스와 관련된 이슈가 떠오르며, 학교의 프린터 사용이 모두 중지되었습니다. 다행히 즉각적인 이상이 나타나진 않았으나, 이를 계기로 전공자의 관점에서 무지로 인한 사고에 대해 경각심을 가지게 되었습니다. 그렇게 3D 프린터 활용 기술 강의를 수강하며 전문성을 쌓았고, 안전 역량 제고를 위해 위험물산업기사 자격에까지 도전하여 취득하는 계기가 되었습니다. 이러한 경험을 가지고 공정의 높은 완성도를 위해 끊임없이 객관적으로 상황을 판단하여 소통에 문제가 없도록 할 것이며, 안전 역량을 제고하여 설비 지원 업무에 임하도록 하겠습니다.

한미약품

〈기본 정보 및 인적 사항〉
- 기본 정보: 2022년 하반기 / 신입 / 바이오·제약연구원
- 합격자 정보: 대학원 국제의료경영학과 / 학점 3.71 / 토익 815 / 오픽 IM2 / 자격증 2개 / 해외 경험 1회 / 인턴 2회 / 수상 3회 / 동아리 1회 / 자원봉사 2회

문항1〉 본인이 지원한 직무의 지원 동기와 입사 후 어떻게 성장하고 싶은지 작성해 주십시오.[직무에 관심을 가지가 된 계기, 향후 성장 목표 및 보완점 등](최대 700자)

한미약품에서 미래를 선도해서 세상을 역동적으로 만들어 인류사회의 발전에 기여하고 싶어서 지원했습니다. 한미약품은 미지의 분야에서 지

속적인 도전을 통해 미래 가치를 창출했습니다. 신화 창조와 글로벌 기업의 성장 과정을 보면서 미래를 선도하기 위해서 경영 철학 확립과 기술 및 품질 경쟁력 확보의 중요성을 깨달았습니다. 학창 시절 글로벌 기업의 성공 사례를 듣고 분석하면서 글로벌 기업은 혁신과 도전을 통해 미래 사회의 발전에 도움이 되어야 한다고 생각했기에, 한미약품에서 미래 성장 동력을 발굴해 인류의 역동성과 행복에 기여하고 싶습니다. 제약 개발 과정을 수강하면서 임상실험의 성공 여부에 따라 제품의 가치가 달라진다는 것을 깨달은 바 있습니다. 이에 임상 기획에서 문제를 해결하고 대안을 제시하는 저의 강점을 살리고 싶습니다. 바이오 의약품을 만드는 것은 케미컬 의약품보다 공정이 더 까다롭기 때문에 임상실험에서 문제점을 정확히 찾는 것이 중요하다고 생각합니다. 따라서 신약 개발 과정에서 글로벌 시장 동향을 정확히 파악하고 차별화된 신약 개발 품목을 세분화해 품질 경쟁력을 확보하겠습니다. 또한 글로벌 시장 현황을 분석해서 한미약품의 경쟁력을 끌어올릴 기획안을 제시하겠습니다. 이후에는 정교한 분석력을 통해 시장에서 품질 경쟁력을 끌어올리는 데 기여하겠습니다.

문항 2〉 지원 직무에 본인이 적합하다고 생각하는 이유와 직무 수행을 위해 필요한 역량을 기르기 위해 했던 행동 및 활동을 작성해 주십시오.(최대 700자 입력가능)

저는 다방면으로 사고하는 힘을 통해 신제품 임상 시 발생되는 문제점을 명확히 찾아 해결책을 제시할 수 있습니다. 국제의료마케팅, 병원경영학에서 서울삼성병원 포지셔닝과 좋은 병원과 나쁜 병원을 비교 분석하는 과제를 하면서 의료의 질의 중요성을 알게 되었습니다. 서울삼성병원은 고객 최적화 서비스로 편리함과 진료의 신뢰감을 주었습니다. 좋은 병원과 나쁜 병원은 환자에게 의료 서비스를 쾌적함과 신뢰감을 주는 것에 차이가 난다는 것을 알게 되었습니다. 서울삼성병원은 진료 대기시간과 의료의 질이라는 두 마리 토끼를 잡으면서 대한민국 최고의 병원으로 도약했습니다. 과거 ○○ 정책총괄팀 인턴에서 글로벌 5개국 소재부품장비의 현황조사 세미나를 수행한 경험이 있습니다. 이러한 경험을 통해 주요 5개국 산업 현황의 특징과 해당 산업군의 세계시장의 시장 점유율 및 글로벌 수출 수입 현황을 명확히 정리하고 파악해서 PPT를 만들었습니다. 주요 5개국 별로 산업군 의존도를 통해 소재부품에서 어떤 산업의 의존과 강점과 단점을 명확히 파악해서 정리했습니다. 그 결과 세미나 발표 때 저희 부서 직원들에게 해당 산업군에 현황 분석과 이해도가 높다는 칭찬을 받았습니다. ○○○ 서포터즈에서 ○○○ 부스를 운영 및 기획을 해 본 경험이 있습니다. 부스 행사 기획에서 기획한 행사가 고객의 측면에서 어떠한 관점에서 색다른 즐거움을 제공할 수 있는지 명확히 파악해야 하는 중요성을 배웠습니다.

문항 3〉 본인이 경험한 단체생활 또는 조직생활 중 가장 열정적으로 노력했었던 활동에 대해 작성해 주십시오.[활동의 이유, 결과 등](최대 700자 입력 가능)
　　○○○에서 ○○○화장품 회사에서 근본적인 문제점을 찾아 해결책

을 제시한 경험이 있습니다. 10명의 팀원들과 ○○○를 분석한 결과 강점은 경쟁사인 ○○○ 대비 효능, 향기, 원료의 품질이 뛰어나다는 점입니다. 단점은 홍보와 마케팅이 미흡해서 브랜드 인지도가 낮다는 점이었습니다. 첫째, 가격을 인하해 고객의 유입을 증가시키는 방법을 제안했습니다. BMW나 벤츠보다 품질이 우수한 렉서스가 가격 인하를 통해 브랜드의 인지도와 소비자의 접근성을 높인 사례를 설명했습니다. 중장기적인 관점에서는 브랜드 인지도와 소비자의 접근성을 높여서 지속적인 수익 창출의 중요성을 강조했습니다. 둘째, ○○○ 직원들의 친절성, 제품 이해도, 고객 응대를 끌어올릴 수 있는 실전 교육 프로세스를 제안했습니다. ○○○의 문제점을 파악하기 위해 경쟁사 화장품 매장을 총 5회 방문했습니다. ○○○ 직원은 고객의 연령대와 피부 성향 및 취향, 원하는 가격대에 맞게 제품 안내하는 반면 ○○○ 직원은 베스트 상품 소개와 고객의 니즈에 맞게 제품의 효능과 특징을 명확히 소개하지 못했습니다. 프로모션을 통해 고객을 유치하더라도 고객 접점에서 서비스가 심각하기 때문에 중장기적으로 고객서비스 개선의 필요성을 느꼈습니다. 최종 PT에서 심사 기준이 고객 서비스의 해결 방안이 평가 기준으로 선정되자 ○○○ 임원들은 사태의 심각성을 인지했습니다.

유통·통신 관련
회사 공략법

이 챕터에서는 실제 합격한 지원자들의 자소서를 통해 성공하는 자소서 작성법을 익혀 보고자 한다. 유통 및 통신 분야를 대표하는 기업들의 실제 자소서 문항을 그대로 발췌하였으므로 취준생들에게 실질적인 도움을 줄 수 있으리라 확신한다. 특히 분야별로 출제될 수 있는 거의 모든 문항을 망라하였으므로, 시간이 부족한 취준생들이 자소서를 준비하는 데 있어 실질적이고 효과적인 도움을 줄 수 있으리라 믿는다.

데상트코리아

〈지원 기업 및 인적 사항〉

● 기본 정보: 데상트코리아 / 영업 / 2024년 상반기
● 합격자 정보: 서울 중상위권 영어영문학과 / 학점 3.02 / 토익 845 / 오픽 IM3 / 사회생활 경험: 패션기업 인턴, 국제회의 대행사 인턴, 영상공모전 최우수상, 단과대 학생회장 / 자격 사항: 한국사검정시험 중급, 워드프로세서 1급

문항 1〉 취업하려는 이유를 적어 주세요.(최소 1자, 최대 300자 입력 가능)

　크게 두 가지 명확한 이유가 있습니다. 첫째, 취업을 통해 자아를 발전시키고 성장할 수 있는 기회를 얻기 위함입니다. 업무를 수행하면서 문제 해결 능력이나 의사소통 능력과 같은 중요한 역량을 키울 수 있습니다. 이는 나 자신뿐만 아니라 직장 동료나 다른 사람들과의 관계에도 도움이 될 것입니다. 둘째, 사회에 기여하기 위함입니다. 직장을 통해 제가 속한 공동체에 기여하고 싶습니다. 지금 이 순간에도 사회를 이끌어 가는 많은 사람들에게 감사하게 생각하고 있습니다. 저 또한 공동체의 일원으로서 사회에 기여하는 역할을 하고 싶습니다.

문항 2〉 삶을 통해 이루고 싶은 최우선 목표를 하나만 적어 주세요.(최소 1자, 최대 300자 입력 가능)

제가 이루고 싶은 최우선 목표는 행복하고 안정된 가정을 구축하는 것입니다. 저는 가정이란 무엇보다도 사랑과 이해, 서로를 지지하고 더 나은 사람으로 성장하도록 도와주는 공간이라고 믿습니다. 또한 가정은 저에게 안정과 안락함을 주는 곳이기도 합니다. 그 안정된 환경에서 저는 자유롭게 자아를 표현하고 발전시킬 수 있으며, 주변 사람들에게도 긍정적인 영향을 미칠 수 있을 것입니다. 따라서 저의 최우선 목표를 이루기 위해 신체적, 정신적 성장과 경제적인 능력을 얻기 위해 노력하고 있습니다.

문항 3〉 지원한 직무와 삶의 목표가 어떤 연관성이 있는지 적어 주세요.(최소 1자, 최대 300자 입력 가능)

앞으로 영업 전문가가 되어 사회적으로 인정받고, 더 나은 미래를 위해 노력하고자 합니다. 저의 삶의 목표는 행복하고 안정된 삶을 구축하는 것이지만, 이를 위해서는 경제적으로도 안정을 가져야 합니다. 영업 직무는 이러한 목표를 실현하는 데 도움이 될 것입니다. 제가 가진 소통과 협상 능력을 향상시키고 매니저와 고객과의 긍정적인 관계를 유지하며, 안정된 수입을 확보하여 가정을 위한 기반을 마련할 수 있을 것입니다. 영업 직무는 저의 삶의 목표와 연결되어 있으며, 이를 통해 개인적인 성장과 가정의 안정을 동시에 이루고자 합니다.

문항 4〉 지원한 직무를 하기 위한 구체적인 준비 과정을 적어 주세요.(최소 1자, 최대 300자 입력 가능)

저는 미쏘와 탑텐에서의 스태프 경험을 통해 패션 산업에 대한 흥미를 높였습니다. 특히 탑텐 근무 시절에는 '텐텐데이'라는 대규모 행사를 직접 경험하면서 오프라인 매장의 중요성을 몸소 깨달았습니다. 이후 3개월 간의 쉬즈미스 아웃렛 영업팀에서의 인턴 경험을 통해 사내 ERP 프로그램 사용과 매장에서의 행사 진행, 매니저 상담 등 다양한 업무를 경험했습니다. 이를 통해 소통과 협력 능력을 크게 향상시키고, 문제 해결 능력을 발전시켰습니다. 또한 업계 동향과 시장 분석을 통해 해당 직무에 필요한 역량을 보완했습니다.

문항 5〉 지원자가 가진 다른 사람과의 차별점은 무엇입니까?(최소 1자, 최대 300자 입력 가능)

저는 타인의 마음을 열고 주어진 환경을 개선하는 능력을 가졌습니다. 국제회의 대행사에서의 인턴 경험 중, 행사장에서 생수를 보급하는 스태프들의 어려움을 해결하는 과정에서, 친화적인 태도와 원활한 소통을 통해 문제의 본질을 파악하고 해결책을 찾아냈습니다. 저는 행사장 내에 층마다 존재하는 작은 창고를 발견했고, 이를 활용하여 생수 분배 업무를 효율적으로 수행할 수 있었습니다. 이러한 경험을 통해 주어진 환경을 개선하고 타인과 협력하여 문제를 해결하는 능력을 발휘한 경험을 쌓을 수 있었습니다.

BGF리테일

〈지원 기업 및 인적 사항〉

● 기본 정보: BGF리테일 / SC / 2024년 상반기

● 합격자 정보: 인서울 하위권 4년제 / 영어 / 학점 4.23 / 토익 930, 토익스피
킹 6 / 기타: 사조사 2급, 유관사2급

문항 1〉 BGF가 생각하는 '좋은 친구'는 '언제 어디서나 최상의 상품과 서
비스를 제공하여 고객 가치를 실현하고 사회 발전에 공헌하는 기업'입니다.
고객과 사회의 '좋은 친구'인 BGF리테일에 지원하게 된 동기에 대해 기술
해 주세요.(500)

〔고객 가치 지향〕

저와 BGF리테일은 고객 중심 서비스를 지향하기 때문에 동반 성장을
확신하며 지원하였습니다. 저는 아름다운가게에서 봉사 활동을 하면서
많은 손님들과 소통을 할 수 있었습니다. 평소에 상대와 함께 이야기를 하
면서 힘을 얻기 때문에, 고객 응대에 큰 보람을 느꼈습니다. 손님들의 물
음에 응한 다음, 그들이 표했던 고마움은 이루 말할 수 없었습니다. 이 경
험을 통해, 고객 만족 실현은 영업 관리의 첫걸음이라는 것을 배웠습니다.
이 가치관은 업무 수행에 있어서 고객 가치 실현이라는 궁극적인 목적을
달성하는 데 큰 도움이 될 것입니다.

〔깨달음을 준 곳〕

저는 지역아동센터에서 멘토링을 하면서 아이CU 포스터를 처음 보게 되었습니다. 편의점 유통업이 이러한 사회 문제를 앞장서서 해결할 수 있다는 신선한 충격을 받았습니다. 이는 평소에 간과하고 있던 사회 이슈를 상기시키는 계기가 되었습니다. 지역 사회와 동반 성장할 수 있도록, 사회 이슈와 편의점 유통업의 연결을 도모하는 SC가 되겠습니다.

문항 2〉 그동안 쌓은 지식, 능력, 활동 및 경험 등을 기반으로 지원한 직무에 본인이 가장 적합하다는 것을 구체적인 업무 내용과 매칭하여 말씀해 주세요.

〔데이터를 이용한 비품 관리〕

비품 관리를 위해 엑셀로 정리표를 작성하고 부서 내 비품을 효율적으로 관리했습니다. 직원들이 필요한 비품을 요청할 때마다 캐비닛을 열어 찾는 과정에서 시간이 오래 걸리는 문제가 있었습니다. 이를 개선하기 위해 엑셀에 캐비닛 번호별로 비품과 재고 수를 입력하여, 필요할 때마다 엑셀을 확인하여 빠르게 비품 상태를 파악할 수 있었습니다. 또한 재고 수가 1이거나 수요가 많은 비품은 '재고 주문 필요'라고 표기하여 매달 초에 비품을 구매할 때, 엑셀 표를 확인한 후에 우선순위를 정하여 비품을 예산 범위 안에서 구매하고자 하였습니다. 데이터를 정리하여 직원들이 쉽게 확인하고 필요한 비품을 신속하게 확보할 수 있도록 조치했습니다. 이러한 경험을 통해 데이터 수치의 중요성을 실감하게 되었습니다. 이는 향후 업무 수행 시 객관적인 수치를 바탕으로 전략을 수립하고 목표를 달성하는 데 큰 도움이 될 것입니다.

문항 3〉 BGF의 5가지 가치관(홈페이지 '우리의 가치관' 참조) 중 본인을 가장 잘 표현하는 가치관 1개를 선택하고, 그 이유를 본인의 경험과 함께 작성해 주세요.

〔탁월한 팀워크, 상권 매출 상승의 비결〕

○○동 국수거리 활성화 사업에 참여하여 팀원들과 쿠폰 프로모션을 기획해 상권 매출에 기여하였습니다. 먼저 쿠폰을 사용할 수 있도록 25개 상점에 찾아가 참여를 요청하였습니다. 상인분들께 사업의 내용을 설명하는 것이 어려웠지만, 한 명이 설명을 하다가 막히는 부분이 있으면 다른 팀원이 그 부족한 부분을 보완해 주었습니다. 그 덕분에, 총 20개 상점의 참여를 얻을 수 있었습니다. 인근 대학가에 팝업 부스를 설치한 후, 팀원들과 구호를 외치며 밝은 분위기를 유도하였습니다. 이에 관심을 가진 주민, 대학생들과 이야기를 나누고 쿠폰을 배포하는 시간을 가졌습니다. 그 결과 쿠폰 사용률 73.3퍼센트를 달성할 수 있었습니다. 서로를 신뢰하고 응원해 주는 것이 공동 목표 달성의 밑거름이라고 생각합니다. 신뢰를 바탕으로 점주의 말에 늘 귀를 기울이며 공감하고 소통하겠습니다. 더 나아가 점주와 파트너가 되어 매출 향상이라는 공동의 목표를 향해 뛰어가겠습니다.

문항4〉 평소 CU편의점 이용 시 느낀 장단점을 기술하고, CU편의점의 경쟁력을 제고할 수 있는 아이디어를 설명해 주세요. 가능하다면 지원한 직무와 연계하여 적어 주시고, 어려운 경우 고객 입장에서 설명해 주세요.

〔접근성 강화〕

CU는 고객이 이용할 수 있는 점포의 수가 가장 많기 때문에, 길을 가다가도 쉽게 오프라인 서비스를 이용할 수 있습니다. 이를 통해 CU의 다양한 PB 상품과 요즘 유행과 연계된 상품들을 접할 수 있습니다. 더 나아가 구매 방식이 변화하면서 오프라인 점포와 온라인 플랫폼의 연계성을 강화하여 대응하고 있습니다. 소비 트렌드가 바뀌면서 배달 서비스, 픽업 서비스는 물론 포켓 CU에서 자체적인 배달 주문과 점포 재고 조회 기능도 구현하였습니다.

〔성장 카테고리 확대〕

소비자들의 일상에 더 밀착할 수 있도록 식품뿐만 아니라 CU에서만 경험할 수 있는 비식료품 카테고리를 늘려야 한다고 생각합니다. 편의점에 방문하여 코로나 자가검사키트, 상비약 등 비식료품을 구매하면서 계획에 없는 식료품 구매가 이어지기도 합니다. 또는 기존의 편의점 방문 목적은 주로 식료품 구매이기 때문에, 의도치 않은 비식료품 구매로 이어질 수 있습니다. 이는 근거리 구매에 최적화된 편의점의 차별성을 강화시킬 것입니다.

〔CU JUMP UP〕

매출 부진을 겪는 점포들을 대상으로 맞춤형 솔루션을 제공하는 기존의 프로젝트는 획기적인 아이디어라고 생각합니다. 다양한 각 분야의 전문가들이 점포를 분석하고, 해결책을 제공하는 과정에서 SC로서 배워야 할 점이 많을 것입니다. 프로젝트가 활성화되어 점포 개선 방법을 배우면 점주와의 소통에 많은 도움이 될 것입니다.

AK plaza

〈지원 기업 및 인적 사항〉

- 기본 정보: AK plaza / 영업 관리 / 2024 상반기
- 합격자 정보: 서울 상위권 4년제 외식경영학과 / 학점 3.6 / 오픽 IH / 사회생활 경험: 스타트업 1년 8개월, 해외 인턴 2회

문항 1〉 지금까지 참여했던 단체 활동, 프로젝트 등에서 겪은 가장 큰 난관은 무엇이었습니까? 그 안에서 맡은 역할은 무엇이었습니까? 문제 해결을 위해 어떠한 시도를 하였고, 어떻게 해결했는지 구체적으로 기술해 주세요.

〔문제의식에 기반한 비효율 개선〕

○○ 콘텐츠 사업부에서 근무하던 당시 내부 시스템 어드민 기능 업데

이트 후 업무에 필요한 기능이 삭제되어 불편을 겪은 경험이 있습니다. 페이지 세팅에 필요한 크리에이터 정보 확인 기능이 상실되어 별도의 작업으로 내용을 확인해야 했고, 런칭일 수정 기능이 사라져 기술팀에 개별적으로 요청해야 되어 양측 리소스 낭비를 발생시켰습니다. 또 업무 순서와 맞지 않는 세팅 순서로 프로세스 전반이 비효율적으로 되었습니다. 서비스가 빠르게 전환되는 과정에서 급격한 기능 개발이 이뤄지는 시점이라 실무진의 의견을 반영하지 않고 업데이트가 진행된 것이 문제였는데, 이를 근본적으로 해결하고 싶었습니다. 먼저 동료들의 피드백에 기반한 개선 요청사항을 기능 담당 PM에게 전달했고, 사유에 대해서도 상세하게 설명하였습니다. 개발팀에서는 실무진의 의견을 받아들여 요청한 개선사항을 적용해 빠르게 업데이트해 주었고 해당 과정에서 사소한 부분도 간과하지 않고 지속적으로 팔로우업 조치를 취하였습니다. 결국 필요한 부분을 완벽하게 반영한 개선을 진행할 수 있었고, 팀 전체의 업무 효율을 높일 수 있었습니다.

문항 2〉 지금까지 살아오며 본인의 자아/생각/사고방식 등에 큰 영향을 미친 요소들은 무엇입니까? 개인의 성장 과정과 함께 기술해 주세요.(인물, 사건, 창작물 등)

〔긍정과 끊임없는 도전〕
초등학교, 중고등학교, 대학교에 이르기까지 끊임없이 도전하는 자세를 지향하였고, 당장은 불가능해 보이는 목표가 있더라도 긍정의 사고를 바탕으로 노력해 왔습니다. 학부 시절 해외 교환학생으로 가고 싶었지만 집안에서 도움을 받을 수 없고 금전적인 여유도 없던 상황이었습니다. 하지만 교환학생은 대학생일 때에만 경험해 볼 수 있었고 입학 때부터 절실하게 참여를 원하였기에 적극적으로 기회를 모색하였습니다. 그 결과 디즈니 인턴십과 학업이 결합한 International College Program을 찾을 수 있었고, 선발되기 위하여 치열하게 준비하였습니다. 지원 마감을 맞추기 위하여 한 학기 휴학을 결정하였고, 부족한 영어 실력을 갖추기 위해 토플을 공부했습니다. 또한 해외 거주 기간 동안의 생활비를 모으려 다양한 아르바이트를 하는 등 만반의 준비를 갖추어 지원하였습니다. 결국 학교와 미국 대학, 디즈니 본사 직원과 총 3번의 인터뷰 끝에 교환학생으로 선발되어 미국 최고의 테마파크에서 근무하며 공부도 하는 경험을 할 수 있었고, 이런 경험을 바탕으로 대학교 3학년 농식품부 해외 인턴십 기회까지 잡을 수 있었습니다.

문항 3〉 업무/직무와 무관하게 본인이 가장 자신 있게 잘할 수 있는 것은 무엇입니까? 그것을 잘 하기까지 어떠한 노력을 했는지 구체적으로 기술해 주세요.

〔전략적 커뮤니케이션 역량〕
협상력에 기반하여 전략적인 커뮤니케이션을 수행하는 것이 자신 있게 잘한다 얘기할 수 있는 부분입니다. 대학교 시절부터 호텔경영학회, 유도 동아리, 6번의 대외 활동에 참여하며 다양한 유형의 사람들과 네트워킹을 하였고, 이러한 과정에서 협상력을 바탕으로 활동을 이끌어 나가는 역량을 발견할 수 있었습니다. 이러한 협상 역량을 보다 발전시키기 위한 노력을 지속하였습니다. 먼저 관련 도서를 통해 협상의 쟁점을 학습하였습니다. 특히 로버트 치알디니의 저서 『초전 설득』을 통해 협상의 기본 이론을 학습하였습니다. 협상 주도권을 갖기 위해 필요한 상황과 감정적 교류, 협상을 이루는 완벽한 타이밍을 찾는 방법을 배울 수 있었습니다. 나아가 협상연구회 17기로 활동하며 보다 세부적인 협상 스킬을 강화하였습니다. 협상의 근본적인 역량과 그에 기반하여 활용할 수 있는 배트나 프레이밍 등 협상 관련 스킬을 배울 수 있었습니다. 또한 실제 구매자와 판매자가 되어 협상 실습을 진행하며 배운 협상 스킬을 활용하며 체화시킬 수 있었습니다. 마지막으로 이러한 활동을 통해 향상시킨 협상 역량을 실제 업무에 적용하여 자체 노하우를 강화하였습니다. ○○ 기업의 MD 근무에 있어 크리에이터 섭외 및 계약 조건을 조율하는 과정이 포함되어 있었습니다. 초반에 크리에이터의 요구를 수용하여 계약을 진행하였다면, 협상 역량을 강화하여 사측의 의도와 조건을 반영한 계약 진행에 집중하였습니다. 이를 통해 크리에이터와의 관계를 유지하면서 기업의 이윤 향상에 기여할 수 있었습니다. 이와 같이 지속적으로 발전시켜 온 협상력과 커뮤니케이션 역량은 AK에서 영업 관리 업무를 수행하는 데 도움이 될 수 있으리라 확신합니다.

문항 4〉 AK PLAZA 및 AK MALL을 이용하면서 느꼈던 장단점을 제시하고, AK PLAZA 및 AK MALL의 경쟁력을 제고할 수 있는 아이디어를 제시해 주세요.

〔높은 접근성을 뒷받침하는 편의성〕

AK PLAZA는 높은 접근성과 생활 밀착형 매장 입점으로 인한 친근한 느낌이 강점으로 느껴졌습니다. 특히 2030 세대가 자주 이용하는 라이프 스타일 관련 매장이 빠짐없이 입점되어 있어 친근한 백화점으로 다가갈 수 있다는 장점이 있습니다. 또한 다양한 가격대의 매장 입점으로 인해 소비자의 니즈를 폭넓게 충족하여 고객 편의성에 집중하였다고 느껴졌습니다. 이는 기존 백화점과의 차별화 요인과 동시에 NSC 콘셉트를 지향하는 AK PLAZA만의 장점이라고 생각합니다.

〔AK PLAZA의 관점을 담은 매장의 부재〕

다만 큐레이션 요소가 부족하였던 점이 아쉬웠습니다. 관련하여 경쟁 사인 현대백화점의 경우 자체 기획 편집샵을 다수 유치하여 차별화 요소를 강화하는 것을 볼 수 있었습니다. AK PLAZA만의 브랜드 방향성과 기획력을 녹인 큐레이션 매장을 찾을 수 없다는 것은 신규 고객 유입에 어려움이 될 수 있다고 생각합니다.

〔점포 경쟁력을 강화하는 자체 기획 콘텐츠〕

AK PLAZA의 장점인 높은 접근성은 인근 지역 주민을 유입하는 강점이 되나, 신규 고객을 유치하기 위한 큐레이션 요소가 부족한 것이 단점으로 생각됩니다. AK PLAZA만의 자체 기획 콘텐츠를 강화하여 경쟁력을 제고할 수 있다고 생각합니다. 관련하여 카테고리 영향력을 갖춘 크리에이터와의 기획 브랜드를 론칭한다면 화제성과 함께 차별성을 강화할 수 있을 것입니다.

신세계디에프

〈지원 기업 및 인적 사항〉
- 기본 정보: 신세계디에프 / 물류 / 2022 하반기
- 합격자 정보: 서울 중상위권 4년제 경영학과 / 학점 4.07 / 토익: 940, 토익 스피킹: 160 레벨7 / 사회 경험: 공기업 인턴 2개월 / 자격: 국제무역사 1급, 무역 영어, 물류관리사, 유통관리사 2급, 외환전문역 2종

문항 1〉 당사에 지원한 이유와 입사를 위해 어떤 노력을 하였는지 구체적으로 기술하시오.(1000자)

제가 가진 지식과 경험을 바탕으로 '역직구관'을 활용해 중문몰에 그치지 않고 더 많은 해외 시장 개척에 나서는 신세계디에프의 새로운 도전에 함께하고자 지원하게 되었습니다. 그간 다이공이 면세사업에 끼치는

영향이 궁금하여 새벽 줄서기에 참여하여 인터뷰를 진행할 만큼 평소 면세사업에 관심이 많았습니다. 그러다 송객 수수료의 부담과 코로나로 인해 면세사업이 어려울 때, '심삿갓'이라는 캐릭터와 세계관을 구축하며 한국적인 트렌디함으로 대응해 나가는 신세계디에프의 행보가 인상 깊었습니다. 해외로 출국 불가능한 상황에서 고객과 기업 간 비대면 경험을 충족시킴으로써 우호적인 장기 고객 관계를 형성하였기 때문입니다. 이렇게 트렌드한 신세계디에프의 '역직구관'은 크게 성장할 것이라 보았고, 함께 그에 맞는 면세 물류의 효율화를 이끌고자 지원하게 되었습니다. 물류 영업 업무의 본질은 물건을 매개로 진행되는 사람과 사람 간의 일이라 생각합니다. 따라서 전문 지식을 바탕으로 물류의 흐름을 거시적으로 파악하며, 그 과정에서의 다양한 이해관계자들과 원활한 의사소통을 통해 물품이 차질 없이 전달될 수 있게 하는 역량이 필수라 간주했습니다. 우선 업무 소통에 기본이 되는 전문 지식을 쌓기 위해 노력했습니다. 국제경영 강의에서 진행한 해외 런칭 프로젝트에 참여하여 관부가세, 소비자 특성, 진출국 정책 등 수출입을 위해 고려해야 할 사항을 파악했습니다. 또 관세청 기자단으로 활동하며, 공항에 입점된 면세 사업부 창고와 물류 과정을 직접 보고 배울 수 있었습니다. 나아가 관세법, 무역 실무를 심층적으로 공부하여 관세사 1차 합격 및 국제무역사 등 다수의 자격증을 취득하였습니다. 아울러 면세업 특성상 해외와의 교류가 필요하리라 생각하여 꾸준한 영어 회화 공부를 통해 토익스피킹 Lv7을 획득하였습니다. 이러한 지식과 경험을 실무에 적용하고 싶어 포워딩 회사에서 인턴으로 근무하였고, 차별화된 경쟁력을 갖추기 위해서는 고객의 니즈에 즉각 대처하는 것이 중요함을 배울 수 있었습니다.

문항 2〉 지원한 직군에서 구체적으로 하고 싶은 일과 본인이 그 일을 남들보다 잘할 수 있는 차별화된 능력과 경험을 기술하시오.(1000자)

먼저 마케팅팀과 협업하여 기획한 프로모션에 맞춰 소비자 수요를 예측하고, 그에 맞는 재고 관리를 통해 수익 개선에 기여하고 싶습니다. 실제로 IT 활용을 통해 소비자 수요를 예측하여 가게의 식자재 낭비를 막고 매출 200퍼센트를 달성토록 도움을 준 경험이 있습니다. 학교 주변의 매출이 부진한 가게를 선정하여 부흥시키는 프로젝트였습니다. 선정한 음식점은 신생 업체로 인지도가 낮았으며 유기농 식자재를 앞세우는 등 주 고객층인 대학생의 소비 정도를 고려하지 않은 고급화 전략을 사용하고 있었습니다. 장기적 매출 상승에 도움이 되고자 가격 전략 대신 스마트폰을 통해 정보 찾는 것이 익숙한 소비자의 특성을 고려해 접근성 높은 포털의 'Modoo!'라는 무료 서비스를 활용했습니다. 자세한 음식 사진, 위치를 첨부하여 가게 인지도를 높였으며, 특히 서비스의 예약 시스템을 통해 수요에 맞는 식자재를 구매함으로써 매장의 고급화 전략을 지키면서도 손실을 줄일 수 있었습니다. 다음으로 면세업의 데이터 분석으로 목표에 맞게 물류 비효율을 개선하고 싶습니다. 금융기관 BSI 조사원으로 일하면서 90퍼센트가 넘는 응답률을 기록하며 전월보다 나은 성과를 창출한 경험이 있습니다. 당시 1주라는 짧은 기간에 약 170개 기업에 설문하여 지난달보다 많은 결과를 받아야만 하는 상황이었습니다. 촉박한 시간이라 담당자는 교육 대신 나눠준 매뉴얼에 맞게 업무를 진행하도록 권고했습니다. 하지만 다른 이들처럼 매뉴얼을 답습하여 기업과의 설문을 순차적으로 진행하기보다는 전월 데이터 분석을 통해 응답률이 낮은 기업부터 공략하는 방식을 택했습니다. 설문에 답장해 주지 않는 기업의 불만이 무엇인지 파악하고 이를 해결하는 것만이 기존 대비 좋은 결과를 얻을 수 있다고 생각했기 때문입니다. 나아가 팩스나 이메일 대신 즉각적이고 직접적으로 약속을 받아낼 수 있는 전화를 활용한 결과, 한정된 시간 내에 많은 곳으로부터 응답 결과를 받을 수 있었습니다. 더 나은 방식에 대한 고민만이 개선된 결과를 성취함을 알 수 있었습니다.

문항 3〉 학업 외 가장 열정적이고 도전적으로 몰입하여 성과를 창출했거나 목표를 달성한 경험을 기술하시오.(1000자)

부족한 인원과 제한된 시간에도 불구하고 고객에 대한 책임감으로 신규 업무를 완수한 결과 좋은 성과를 낸 경험이 있습니다. 기업지원팀에서 인턴으로 근무할 때 팀이 코로나19 피해 기업 지원 사업을 맡게 되었습니다. 당시 코로나 발병 초기였기에 예산 및 담당 정부 부처도 정확히 알 수 없는 상황에서 민원 전화가 빗발쳐 힘들었습니다. 심지어 조직 개편에 의한 인원 감축으로 기존 업무 수행도 벅찬 상황이었습니다. 하지만 그런 혼란스러운 상황에서도 기존 업무에 지장이 없으면서도 한 주에 40개 이상의 피해 기업을 지원하는 것을 목표로 하였습니다. 평소 하루에 6개의 기업 지원 업무를 하였기에 합리적으로 정한 수치였으며 기업은 생계에 타격을 줄 만큼 처음 겪는 일이므로 최선을 다해 돕고 싶었기 때문입니다. 이후 민원 전화를 바탕으로 기업의 피해 산업 분야와 관련 지원책 등을 조사하고 정리하여 팀원들과 실시간으로 공유하였습니다. 그 결과 2주라는 짧은 시간임에도 불구하고 100개의 기업에 도움을 줄 수 있었습니다. 이렇게 복잡하지만 신속한 대응이 필요한 상황에서 목표를 상회한 결과를 받을 수 있었던 건, 책임감과 함께 고객의 입장에 필요한 애로 사항을 분석하고 이를 해결하려 노력했기에 이룰 수 있었다고 생각합니다. 또 각자 기본 업무에 충실하면서도 일이 한쪽으로 집중되거나 요청이 있을 시에는 팀원 모두가 정체된 업무를 유기적으로 분담하였기에 기존 업무에 지장이 없을 수 있었습니다. 따라서 혼자서 모든 걸 완벽히 해낼 수는 없으므로 지위 상관없이 적극적으로 도움을 구하며 조직을 위해 함께 해결해 나가는 태도를 함양하는 것도 중요함을 배울 수 있었습니다. 면세업은 소비자를 대상으로 하는 만큼 트렌드에 민감하며 다양한 변수가 존재합니다. 하지만 면세 업계의 어떠한 긴급 사태에서도 팀원과 소통하여 고객에 기초한 맞춤형 서비스를 제공할 수 있도록 노력할 것입니다. 그에 따라 고객의 만족도를 제고시킴으로써 고객 관계를 견고히 하고 신세계디에프가 글로벌 면세 기업이 되도록 이바지하겠습니다.

SK텔레콤

〈지원 기업 및 인적 사항〉

- 기본 정보: SK텔레콤 / 서비스 기획 / 2022 상반기
- 합격자 정보: 서울 중상위권 대학 상경계열 / 학점 3.25 / 사회생활 경험: 교내 익스턴 1회, 대기업 서포터즈 3회, 학기 우등생 2회 / 자격: 한국사검정시험, 컴퓨터활용능력, GAIQ 고급, 한국실용글쓰기 준2급

문항 1〉 SK텔레콤이 지금보다 더 성장하기 위해 필요한 것이 무엇인지, 그리고 이를 위해 지원한 직무에서 본인이 기여할 수 있는 점은 무엇인지 서술해 주십시오.(필수)

SK텔레콤의 성장에 있어서는 무엇보다 인프라 구축과 상호 연계가 중요하다고 생각합니다. 브랜드 1위의 기업일수록 기초를 다져 놓아야 다방면으로 사업을 확장시킬 수 있기 때문입니다. 인프라의 활성화는 SK텔레콤의 장점이면서도 꾸준히 성장시켜야 할 과제입니다. 현재는 휴대폰 대리점과 같은 오프라인뿐만 아니라 소셜 커머스 및 마켓 플랫폼 등 온라인으로도 다양한 인프라들이 출시되어 있고 최근 메타버스가 활성화되면서 새로운 플랫폼으로 주목받고 있습니다. SK텔레콤에서 운영 중인 이프랜드와 Jump AR을 포함해 네이버의 제페토 등 게임 분야에서만 사용되던 가상현실이 ON택트 생활을 기점으로 다양한 분야에서 활용되고 있습니다. 이에 T딜 및 이프랜드, 오프라인 대리점 등 SK텔레콤만이 가지고 있

는 인프라를 유기적으로 연계하는 것이 기존 고객의 유지와 신규 고객의 유치뿐 아니라 추후 신규 사업을 확장함에 있어 초석이 될 것입니다. 저는 다양한 대외 활동을 통해 수행한 팀 빌딩으로 플랫폼을 관리한 경험이 있습니다. 첫 번째로 연극사와 제휴하여 SNS 홍보를 조건으로 티켓을 협찬받아 교내 축제 부스의 이벤트를 수행하는 데 필요한 인프라를 구축하는 등 제휴 역량을 향상시켰습니다. 두 번째로 무인 키오스크 서비스와 해외 직구 플랫폼에 대한 마케팅을 기획하고 아이디어를 제시하는 경험을 수행하며 정확한 자료 수집과 분석 능력 및 상황에 따른 유연한 대처 능력을 키웠습니다. 저의 제휴 역량과 대처 역량은 SK텔레콤에서 웹사이트와 모바일앱 서비스를 구축하고 운영하는 기획 업무에 유용하게 쓰일 것입니다.

문항 2〉 해결하기 어려웠던 문제나 상황에서 남들이 하지 않은 새로운 시도/변화를 통해 기회를 창출하거나 문제를 해결한 경험에 대해 서술해 주십시오.(필수)

SK텔레콤 T프렌즈 활동 중 ○ 브랜드와 관련하여 팀 단위로 홍보 영상을 제작한 경험이 있습니다. 저희 팀은 영상 제작 방법과 장르에 있어 기존에 행해지던 방식과 차별점을 두었습니다. 작성한 시나리오에 따라 영상을 제작하는 기존 방식과 다르게 기본 줄거리만 작성하고 작업을 수행하면서 시나리오를 수정하거나 아이디어를 제시하는 방법으로 살을 붙여 나갔습니다. 영상 장르에서도 일상 지향적이고 미래적인 분위기의 기존 SK텔레콤의 홍보물과는 다르게 B급 장르를 목표로 콘텐츠를 제작했습니다. 이는 영상 콘텐츠를 제작하는 데 주어진 시간이 한 달도 안 되었다는 점이 컸으며, 콘텐츠 제작에 대한 팀원들의 성향이 저와 비슷했기 때문에 새로운 방식이 잘 적용되었습니다. 새로운 방식의 특성상 수시로 의견이 공유되어야 하기에 하루의 절반은 회의와 아이디어 기획에 시간을 할애할 수밖에 없었습니다. 우선 ○ 브랜드의 서비스들을 분석한 결과 ○ 캠퍼스의 데이터와 클라우드 서비스를 중점으로 콘텐츠의 목표를 설정했습니다. 팝아트 및 픽토그램 등의 CG와 EDM풍의 OST를 사용하여 B급 콘텐츠를 강조하였고, ○ 브랜드의 제품을 소품으로 사용해 브랜드를 강조하도록 영상의 구도를 설정했습니다. 이와 같은 노력으로 ○ 브랜드 미션에서 최우수 콘텐츠에 선정되어 사내 홍보 영상으로 사용되었으며, 이는 제가 우수 활동자로 수료하는 데 큰 영향을 끼쳤습니다. 기존의 방식과 어우러지면서 저만의 독창적인 방식으로 새로운 것들을 수용하는 저의 역량은 SK텔레콤의 사내 프로젝트에 새로운 활로를 불어넣어 시너지를 낼 것이며. 이를 통해 저 자신도 성장하고 싶습니다.

문항 3〉 스스로 높은 수준의 목표를 세우고, 치열하고 끈질기게 노력하여 성취한 경험에 대해서 서술해 주십시오.(필수)

학부 3학년 때 D.CAMP 스타트업 익스턴십 프로그램에서 와이오엘오 소속으로 해외 직구 서비스의 기획 업무를 맡아 팀장으로 팀 빌딩을 수행한 경험이 있습니다. 저희 팀이 직면한 문제는 총 2가지였는데, 50만 원의 지원금으로 3개월 동안의 기획과 마케팅 활동에 충당해야 하는 것과 동종 업계의 비교 대상이 없어 표본이 절대적으로 부족한 것이었습니다. 이러한 문제에 직면했을 때 저는 우선순위를 두어 일을 처리했습니다. 먼저 여행의 직구 서비스를 이용한 뒤 플랫폼의 UI, UX, 콘텐츠의 질과 양 등의 정보를 수집했으며, 지인들을 통해 고객들의 의견을 담은 설문조사로 부족한 표본을 보완해 나갔습니다. 이를 활용해 서비스 홍보 영상에 대한 시나리오 초안을 완성할 수 있었습니다. 예산과 관련해서는 여행의 직구 서비스에서만 판매하는 상품들을 영상 소품으로 활용하는 등 주변에 활용할 수 있는 자원과 상황들을 최대한 활용했습니다. 이러한 과정에서 매끄러운 업무 처리를 위해 정확한 자료를 수집하는 것과 상대가 원하는 것을 신속 정확하게 파악하고 제공해야 한다는 것이 프로젝트에 있어 얼마나 중요하고 필수적인지 직접 체득할 수 있었습니다. 2개의 홍보 영상은 서비스 공식 SNS 계정에 업로드되었으며, 이를 통해 한정된 자원으로도 주변의 자원과 상황을 활용해 문제를 타개할 수 있는 능력을 키웠습니다. 저의 예산 활용 및 유기적인 상황 대처 역량은 SK텔레콤의 프로젝트 수행에 대한 예산 관리와 서비스 운영 검토 등 전반적인 서비스 기획 업무에서 효율적으로 자원을 활용하는 데 유용하게 쓰일 것입니다.

LG유플러스

〈지원 기업 및 인적 사항〉

● 기본 정보: LG유플러스 / NW 부문 네트워크 기술 운영 / 2023 하반기
● 합격자 정보: 지방 거점 국립대 정보통신공학과 / 학점 3.67 / 토익 850 / 공모전 수상 1회

문항 1〉 직무와 관련해 기울인 노력이나 경험 가운데 자신의 강점이 잘 드러나는 사례를 기술하고, 그 강점으로 LG유플러스에서 달성하고 싶은 목표가 있다면 기술하여 주십시오.

〔지식 역량〕

네트워크 직무에는 전공 지식이 필수적이라고 생각해 관련 교과목을 성실히 공부했습니다. '무선통신망공학', '정보통신개론', '디지털통신'과 같은 과목을 통해 관련 지식을 습득하였으며, A0 이상의 좋은 성적을 거두었습니다. 또한 '지능형 네트워크' 과목을 수강하며 Wireshark 프로그램을 이용해 패킷을 분석해 보았으며, 위성 운용/정비병으로 군 복무하며 유무선 통신망을 구축하고 관리한 경험이 있습니다. 더불어 정보통신공학도로서 QR 코드와 블루투스를 활용한 작품을 성공적으로 제작했고, 해당 작품을 졸업 작품으로 제출하였습니다.

〔협업과 소통〕

모든 업무는 협업과 소통이 기반이라는 점을 파악하고 있습니다. 엔지니어 역시 타인과 함께 일하고 소통하며, 공동의 목표를 위해 협업해야 합니다. 저는 공모전과 졸업 작품 같은 다수의 프로젝트 경험과 아르바이트 경험을 통해 협업과 소통 역량을 키웠습니다. 프로젝트 경험은 언제나 다양한 사람과 다양한 의견을 조화하고, 다양한 갈등을 해결하는 과정의 연속이었습니다. 이러한 경험을 통해, 저는 자기중심적 사고에서 탈피해 다름을 인정하고, 타인과 조화하며, 공동의 목표를 이룰 수 있는 역량을 갖추었습니다. 이런 저의 강점을 바탕으로, LG유플러스의 유무선 통신망을 관제하고, 장비 운용과 기술 지원, 품질 개선에 기여해 고객에게 최상의 품질로 서비스를 제공할 수 있도록 노력하겠습니다.

문항 2〉 목표 달성을 위해 스스로 노력하였던 점과 이를 통해 조직과 본인에게 일어난 변화를 구체적으로 기술하여 주십시오.

〔매출 상승의 목표〕

저는 약 1년간 카페의 매니저로 근무하며 월 매출을 50퍼센트 상승시킨 경험이 있습니다. 해당 매장의 매출을 상승시키고자 인근 경쟁 매장과의 비교 분석을 통해 어떻게 경쟁 우위를 점할 수 있을지를 밝혀냈습니다. 철저한 분석을 바탕으로 한 운영 전략을 제시하였고, 매장 매출의 수직적인 상승을 끌어냈습니다. 첫 번째로, 매장 내부의 레이아웃을 트렌드에 맞게 개선하고, '숙명여대생 20퍼센트 할인'과 같은 맞춤형 프로모션 및 할인 행사를 진행하였습니다. 홍보를 위한 전단과 현수막, 입간판을 제작해 활용하였습니다. 또한 대학 단체와의 여러 연계를 맺어 인근 대학생들에게 친숙하고 편안한 장소로 만들고자 노력했습니다. 두 번째로, 전 직원을 재교육하여 음료 품질을 높였습니다. 가장 큰 문제점은 결국 '맛'이었습니다. 직원들의 제조 실력 편차로 인해 일정하지 않은 음료의 맛이 고객들이 가장 불만을 품는 부분이었습니다. 따라서 일률적인 교육을 통해, 고객에게 일정한 맛과 온도의 음료가 제공될 수 있게 하였습니다.

이런 노력으로 수개월 만에 매장 매출이 크게 상승하였고, 해당 지역에서 꾸준히 인기 있는 카페 중 하나로 자리매김하였습니다. 개인적으로는 이 경험을 통해 꼼꼼하고 철저한 업무 역량을 기를 수 있었습니다. 또한 목표를 달성하기 위해 끝까지 최선을 다하는 자세가 목표 달성의 열쇠라는 것을 깨달을 수 있었습니다.

문항 3〉 소속된 조직의 공동 과업을 달성하는 과정에서 발생했던 어려움과 그 어려움을 극복하기 위해 기울인 노력에 대해 구체적인 사례를 바탕으로 기술해 주십시오.

〔졸업 작품 경험〕

조화로운 협업을 통해 졸업 작품을 성공적으로 제작한 경험이 있습니다. 동기 한 명과 팀을 구성해 'QR 코드를 이용한 지하철 접이식 배려석'

이라는 주제로 프로젝트를 진행하였습니다. 서로가 담당할 파트를 사전에 나누었지만, 프로젝트는 다양한 의견을 조화하고, 다양한 갈등을 해결하는 과정의 연속이었습니다. 첫째는 저와 팀원이 모두 학업과 아르바이트, 프로젝트를 병행했기에 일정을 맞추는 것이 어려웠습니다. 이러한 문제점을 해결하기 위해 매주 월요일에 서로의 일주일 일정을 공유하고, 주에 최소 1회 이상은 전체적인 진행 상황에 관해 대면 회의를 진행할 수 있도록 하였습니다. 또한 서로의 도움이 필요하다고 생각되는 부분에 대해서는 연락을 주고받으며 원활한 협업을 위해 노력했습니다. 둘째는 프로젝트를 진행하며 발생하는 의견 차이를 해결하는 일이었습니다. 서로가 각자만의 아이디어를 가지고 있었기에, 작품을 바라보는 관점이 달랐습니다. 이런 상황이 발생하면 회의를 통해 각자의 관점을 공유하여 상대를 설득하거나 서로의 아이디어를 조합하기도 하며 갈등 상황을 해결하고자 노력했습니다. 이 경험을 통해 자기중심적 사고에서 탈피하고, 상대방을 존중하는 법을 터득할 수 있었습니다. 이렇게 적극적인 의사소통을 통해 프로젝트 제작부터 발표까지 성공적으로 수행하였으며, 이런 경험을 통해 소통과 협업에 대한 역량을 갖출 수 있었습니다.

전자 · 복지(병원)
관련 회사 공략법

이 챕터에서는 국내 굴지의 전자 기업과 복지(병원) 관련 회사에 합격한 합격생들의 자소서를 통해 자소서 작성의 실제적인 스킬을 익혀 보고자 한다.

취준생들은 해당 분야에서 대표적으로 출제되는 문항을 자주 접하는 것이 가장 중요하다. 특히 자신이 지원할 직무에 대해서 눈여겨보아 실제 자소서 작성에 적용할 수 있는 안목을 키우는 것이 관건이다.

삼성전자

〈지원 기업 및 인적 사항〉

- 기본 정보: 삼성전자 / AVP 공정기술 / 2024 상반기
- 합격자 정보: 지방국립대 / 전기공학과 / 학점 4.32 / 토스 IM3 / 특기 사항: 학생회 임원 1년, 학부 연구생 3개월, 부사관 6개월 근무 / 자격: 전기기사, 전기공사기사

문항 1〉 삼성전자를 지원한 이유와 입사 후 회사에서 이루고 싶은 꿈을 기술하십시오.(700자 이내)

저는 전력 손실의 감소를 위해 20개의 예제에 관한 데이터 분석으로 기존 10~15퍼센트 케이블의 전파상수 추정 오차를 4퍼센트로 개선하며 분석 능력과 문제 해결 능력을 입증했습니다. 이러한 역량으로 삼성전자의 HBM3E 양산 1위에 기여하고자 지원하였습니다.

삼성전자는 D 램 시장 점유율 1위(45.7퍼센트)를 수성하였고, 업계 최초 36GB HBM3E 12H D 램 개발에 성공하였습니다. 이를 통해 올해 캐파를 작년 대비 2.5배 이상 확보해 HBM 공급 역량을 업계 1위 수준으로 유지하기 위한 계획은 5나노미터 이하 공정에서 삼성전자의 기술력 입증과 시장 영향력을 보여줬습니다. 특히 세미콘 코리아 2024에 참여해 100여 개 소부장 업체들의 패키징 기술을 보며 업계 동향을 파악하는 동시에 엑시노스 2400을 FOWLP 패키징 기술에 적용하여 양산하는 삼성전자

의 실행력에 대해 깊은 경외감을 느꼈습니다. 입사 후 오차를 개선하며 키웠던 분석력과 문제 해결 역량을 HBM3E 12H의 양산 과정에 적용해 불량 원인을 분석 및 해결하고자 합니다. 이를 통한 수율 70퍼센트 확보로 HBM에 대한 시장 점유율을 높이는 데 기여할 것입니다. 또한 풋살 동아리 회장, 학생회 임원을 경험하며 얻은 실행력, 조직에 대한 로열티로 엔지니어들과 협업해 공동의 목표인 고객이 만족하는 고품질의 반도체 양산을 위한 최상의 솔루션을 제공할 것입니다.

문항 2〉 본인의 성장 과정을 간략히 기술하되 현재의 자신에게 가장 큰 영향을 끼친 사건, 인물 등을 포함하여 기술하시기 바랍니다.(1500자 이내)

〔6개월 간의 전문하사 연장을 통해 깨달은 책임의 가치〕

저는 병장이 되어 전역을 생각할 즈음, 저랑 가까이 지내시던 중대장님께서 "진행 중이던 시설 취사장 공사는 꼭 같이 마무리했으면 좋겠다. 너 없으면 어떡하나, 전문하사 6개월만 하는 것 어떻겠느냐"는 농담과 같은 어조로 전문하사를 권장하셨습니다. 업무에 대한 책임을 중요시 생각하는 저는 흔쾌히 승낙했고 주변에선 군대 빨리 전역하고 복학하기 전까지 좀 놀아야지 않겠냐? 하면서 제 결정에 대해 황당한 반응을 보였습니다. 하지만 저는 제 손으로 하던 공사는 꼭 제 손으로 마무리하고 싶다는 열망이 있었고 저의 부재로 힘들어할 동료들을 외면하고 싶지 않았습니다. 그 결과 전문하사 전역을 1개월 앞두고 취사장 시설 공사를 성공적으로 완료했습니다. 그 경험은 저에게 노력과 책임감이 조직에서 어떤 성과를 가져다주는지를 보여줬습니다.

〔인터럽트 방식 활용을 통한 임베디드 시스템 설계 프로젝트 100퍼센트 구현 및 A+ 달성〕

당시 교수님께선 자유주제로 Atmega128 기반 임베디드 시스템 설계 프로젝트를 내주셨습니다. 저는 일상에서 쉽게 볼 수 있는 도어락을 주제로 한 임베디드 시스템을 100퍼센트 구현하는 것을 목표로 삼았습니다. 하지만 어셈블리어를 다루는 데 능숙하지 못했고, 그 결과 코드 길이 증가로 인해 CPU에서의 처리 속도가 느려져 100퍼센트 구현하는 데 문제가 발생했습니다. 이를 해결하기 위해 서비스를 연속적으로 수행하는 폴링 방식이 아닌 현재 실행 중인 프로그램을 잠시 중단하고 긴급히 처리해야 할 프로그램을 실행하는 인터럽트 방식을 활용하기로 하였습니다. 인터럽트 방식은 2가지 이상의 작업을 수행할 수 있어 복잡한 도어락의 알고리즘을 완벽하게 구현할 수 있었습니다. 또한 실제 외부 인터럽트 동작을 위해 8개의 외부 인터럽트 핀을 이용하여 회로를 설계하고, 플로우 차트를 통한 코드 시각화와 코드별 디버깅으로 코드의 논리성을 확보하며 시간을 단축할 수 있었습니다. 그 결과 도어락 시스템을 100퍼센트 구현하였고, 인터럽트 방식을 활용한 HW 설계는 프로젝트 우수 사례 중 하나가 되었습니다. 이 과정에서 인터럽트 방식을 활용하여 프로젝트 진행 시간을 단축하고, 실제 현장에서 일어날 수 있는 기술적 문제를 해결하는 역량을 향상했습니다. 입사 후에도 맡은 업무에 책임을 다하며 조직의 목표에 기여하는 책임감 있는 엔지니어가 되겠습니다.

문항 3〉 최근 사회 이슈 중 중요하다고 생각되는 한 가지를 선택하고 이에 관한 자신의 견해를 기술해 주시기 바랍니다.(1000자 이내)

〔AI열풍에 따른 에너지 수요에 의한 미국의 에너지 공급망 위기〕

AI 시장이 본격적으로 개화하면서 전기차 등 청정 제조 기술의 확산으로 에너지 수요가 급증하고 있습니다. AI의 잠재력을 최대로 발휘하기 위해선, 수요와 공급망의 안정성을 고려하는 에너지 공급 대책 선정이 시급한 실정입니다. 저는 우리나라도 똑같은 상황에 직면해 있다고 생각합니다. 삼성엔지니어링에서 시공하는 반도체나 2차전지 공장에서의 전력 소비량은 대도시의 전력 소비량에 버금갈 만큼 방대한 전력 공급이 필요합니다. 또한 이러한 전력을 발전하는 발전소들의 수명은 유한하기 때문에 예기치 못한 발전소 운영 중단에 대비해야 합니다. 만약 전력을 전송하는 과정에서 전력 공급망이 1분이라도 불안정할 시 공장의 제품 생산량에 타격이 생겨 피해액이 수십억에 해당할 것이기 때문입니다. 이러한 이유로 안정적인 전력 계통 설계가 필요하다고 생각합니다. 이를 해결하기 위해선 공장에 전력을 공급할 때 계통 주파수가 60Hz 범위에서 유지되도록 전기 시스템을 설계하는 것이 중요하다고 생각합니다. 계통 주파수는 전력 계통에서 유효전력의 불균형이 발생할 때 주파수가 변동하게 됩니다. 따라서 계통 주파수 유지를 위해 유효전력 수급을 유지하는 제어가 수행되어야 할 것입니다. 또한 전력을 전송하는 케이블의 관리가 중요하다고 생각합니다. 임피던스 불연속점에 의해 결함이 발생한 케이블은 전력 전송 시, 전력 손실을 야기해 안정적인 전력 전송이 어려울 것입니다. 하지만 케이블 전체를 다 보수하는 것은 시간이나 비용적인 측면에서 한계가 있습니다. 이러한 문제를 해결하기 위해, 케이블 고장 진단을 통해 고장점을 찾아내어 케이블 전체를 보수할 필요 없이 고장 지점을 집중적으로 수리하여 시간을 단축할 수 있고, 반도체의 안정적인 양산에 보탬이 될 것입니다.

문항 4〉 지원한 직무 관련 본인이 갖고 있는 전문 지식/경험(심화전공, 프로젝트, 논문, 공모전 등)을 작성하고, 이를 바탕으로 지원 직무에 적합한 사유를 구체적으로 서술해 주시기 바랍니다.(1000자 이내)

〔협업을 통한 케이블 고장 진단 연구의 성과 달성〕

학부 연구생 시절, 반사파 계측법을 활용한 케이블 고장 진단 연구를 진행한 경험이 있습니다. 하지만 특정 주파수 대역에서의 신호 뒤틀림으로 인해 오차가 15퍼센트대까지 나오게 되었습니다. 이는 수용가의 전력 공급 시 전력 손실을 증가시키고, 소비자들이 전력 소비 시 전기요금 상승이라는 직접적인 영향을 끼쳤습니다. 이러한 문제를 해결하기 위해 연구실 내 전기공학, 컴퓨터공학 전공자들이 함께 모여 각자의 전공 지식을 바탕으로 주파수 대역에서의 계측법 예제를 실습하며 분석하였습니다. 분석 결과 푸리에 역변환 개념에 기인하여 복잡한 주파수 도메인 분석에서 벗어나 수정 작업 시 오류 가능성이 적은 시간 도메인으로의 변환을 통한 분석으로 방향을 전환하였습니다. 이는 신호의 정확한 해석을 가능하게 했고, 결과적으로 50회의 시간 영역에서의 시뮬레이션을 통해 오차율을 줄일 수 있었습니다. 이러한 오차 개선 기술을 바탕으로 교수님과 함께 연구를 진행하며 신뢰도를 76퍼센트까지 향상시킬 수 있었습니다. 이는 전기공학도의 시간/주파수 신호 해석 능력과 컴퓨터공학도의 Python을 통한 신호 데이터 분석 능력의 협업으로 이루어진 결과였습니다. 또한 이 과정에서 송/배전 설비인 케이블 고장 진단 연구의 문제점이었던 오차를 개선하며, 실제 설비의 문제를 해결하는 역량을 향상했습니다. 이 경험은 저에게 다양한 전문성을 가진 사람들과 함께 목표를 향해 나아가는 과정에서 각자의 지식을 통한 협업으로 큰 성과를 이끌어낼 수 있다는 중요한 교훈을 주었습니다. 이는 삼성전자의 안정적인 반도체 양산 업무를 수행함에 있어 큰 자산이 될 것입니다.

SK하이닉스

〈지원 기업 및 인적 사항〉
- 기본 정보: SK하이닉스 / 소자(이천) / 2024 상반기

● 합격자 정보: 서울 중하위권(학부), 서울 상위권(석사) / 신소재공학, 전기전자공학 / 학점 3.92, 4.17 / 토스 IH / 학부 연구생 2년, 석사 2년 / 6시그마 (GB), ADsP

문항 1〉 지원하신 직무 분야의 전문성을 키우기 위해 꾸준히 노력한 경험에 대해 서술해 주세요.

반도체에 대한 흥미로 학부 연구생을 시작하였고, 트랜지스터와 연구에 대한 매력을 느껴 전문성 향상을 목적으로 대학원까지 입학하게 되었습니다. 전공 지식이 없는 상태였지만 직접 소자와 장비를 다루며 느껴보고 싶어 일찍 학부 연구생을 시작하였습니다. 물리적, 전기적 현상에 의한 트랜지스터 동작 원리, 다양한 실험 방법과 원리들을 공정에 적용하여 성능을 개선하고 문제점을 해결하는 과정들이 매력적이었습니다. 이후 하나의 프로젝트를 맡아 더 전문적인 연구를 하고 싶어 대학원 진학을 결정하였습니다. TFT 소자에 대한 연구를 맡았으며, IGZO 및 IZO에 대한 조건 최적화를 진행하였습니다. 학부 연구생 때 배웠던 DOE를 활용하여 조건별로 시각화하여 최적화 효율성을 증가시켰습니다. 또한 소자에 대한 이슈가 발생했을 때 SEM, TEM과 전기적 특성을 확인해 보면서 원인을 파악하고, 관련 논문을 참고하여 개선하였습니다. 전문성 향상을 위해 꾸준히 새로운 것을 공부하고 경험하고 있습니다. 학부 때 배웠던 전공 지식과 연구 경험을 바탕으로 석사 연구를 진행하였으며, 석사 과정 때 배웠던 경험을 바탕으로 하이닉스에 입사하여 빠르게 업무에 적응하겠습니다.

문항 2〉 팀워크를 발휘해 사람들을 연결하고 공동 목표 달성에 기여한 경험에 대해 서술해 주세요.

계획 수립에 있어서 팀원들과 공유하고 협조를 통한 팀 프로젝트 경험이 있습니다. 수업에서 아이디어 제시, 제작하는 프로젝트에서 초파리에 대한 불편함을 겪은 경험을 바탕으로 아이디어를 선정하였습니다. 팀원들은 넉넉한 일정을 원하였지만, 저는 생소한 분야를 다뤄야 하고 실험 딜레이가 될 수 있기 때문에 가능한 빠른 일정을 원했습니다. 학부 연구생과 3D 프린팅 대회의 경험에서 계획적이고 꾸준함의 중요성을 배웠었기에 경험을 바탕으로 팀원들을 설득하였습니다. 외부 실험 때문에 매주 2회 이상 실험 일정을 꺼렸지만, 외부 실험 일정에 자처하였습니다. 자료 조사와 결과 분석 부분에서는 팀원들에게 가중치를 더 주겠다는 조건으로 협조를 얻었습니다. 실험 중 원하는 결과가 나오지 않더라도 넉넉한 일정 덕분에 더 좋은 데이터를 활용하여 발표를 진행하였고, 그 결과 A+ 학점과 공모전 대상을 수상할 수 있었습니다. 경험에서 얻었던 제 생각을 팀원들에게 공유하고 주도적인 행동을 통해 구성원의 긍정적인 참여를 유도하여 목적을 달성할 수 있습니다. 소자 엔지니어로서 각 공정의 엔지니어와 적극적인 의사소통을 통해 공동의 목표를 달성할 수 있는 구성원이 되겠습니다.

문항 3〉 도전적인 목표를 세우고 성취하기 위해 끈질기게 노력한 경험에 대해 서술해 주세요.

[목표를 넘어 계속 개선: 동작 전압 75퍼센트 감소]

박막 트랜지스터 소자를 설계하고 구조를 개선, 기존 대비 동작 전압 75퍼센트 감소라는 결과를 얻은 경험이 있습니다. OLED 구동을 위한 박막 트랜지스터 최적화 실험 과정에서 구동시켰을 때, 20 V 이상으로 고전압이 필요했습니다. 우선 구동이 목표였기 때문에 필요한 전압에 대한 목표는 설정하지 않았었습니다. 하지만 고전압 구동을 개선하고자 하였고, IZO 물질을 추가하여 이중 접합 구조 TFT를 제작하였습니다. 전압은 10V 수준으로 감소하였지만, 더 낮은 수준까지 낮추고 싶었습니다. 이중 접합 구조에서 메쉬 패턴을 활용하면 전기적 특성과 더불어 유연성까지 좋아질 것이라고 생각하였고, 동작 전압은 5 V 수준으로 개선할 수 있었습니다. 소자 직무는 개발 제품의 양산 전환, 양산 제품의 수율 개선, 수율 저하에 대한 원인 분석 역할을 합니다. 초기에 목표한 바를 이룬 것에 만족하지 않고, 그 안에서 개선점을 발견하고 더 나은 결과를 위해 공정 조건, 소재 변경, 구조개선 방법을 적용하여 소자를 설계한 경험을 바탕으로 메모리 소자 개선을 이끌겠습니다.

문항 4〉 지원자님은 어떤 사람인가요? 지원자님을 가장 잘 나타낼 수 있는 해시태그(#)를 포함하여, 남들과는 다른 특별한 가치관, 개성, 강점 등을 자유롭게 표현해 주세요. 해시태그는 최대 2개까지 작성해 주세요.(예) #멘토링전문가 #슈퍼태스커.

〔#자발적 #성실〕

성실의 중요성을 알게 된 이후로 사소한 것부터 꾸준하게 노력하여 자신감을 갖는 나를 발견하게 되었습니다. 학창 시절 학업에 대한 욕심이 있었지만, 대학교 1학년 1학기에 3.2라는 학점을 받고 크게 낙담한 경험이 있었습니다. 그러던 중 내가 과연 실망할 만큼 공부를 열심히 했는가에 대한 의구심이 들었습니다. 한 학기만이라도 꾸준하게 해 보자는 마음가짐을 가지고 새벽 6시에 기상하고 주말에도 꾸준히 공부하며 학기가 끝날 때까지 학습 노트를 작성하였습니다. 수업마다 수업 내용을 녹음하여 이해되지 않는 부분들을 다시 듣고 복습하였습니다. 친구들에게 술 마시는 것을 보게 되면 5만 원씩 준다는 공약도 내세웠습니다. 그 결과 4.47, 수석이라는 결과를 얻게 되었고, 불가능하다고 생각했던 일이 계획과 목표, 실행할 수 있는 의지가 있다면 끝내 해낼 수 있다는 사실을 경험하며 자신감도 얻게 되었습니다. 대학원에서도 연구가 잘 되지 않고 있었지만, 포기하지 않고 앞으로 나아가다 보니 결국 결과를 도출하고 논문 작성하는 데까지 올 수 있었던 것 같습니다. 하이닉스에 입사하여 어려운 일에 맞닥뜨렸을 때, 성실함을 무기로 해결해 나가는 엔지니어가 되겠습니다.

푸른나무재단

<지원 기업 및 인적 사항>

● 기본 정보: 푸른나무재단 / 후원 관리 / 2024 상반기

● 합격자 정보: 지방 거점 국립대 / 사회복지학 / 학점 3.76 / 사회 경험: 굿네이버스 경남서부지부, 굿네이버스 경남서부지부, 초록우산 어린이재단 서울가정위탁지원센터, 초록우산 어린이재단 경기남부, 가정위탁지원센터

문항 1〉지원 동기 및 포부를 쓰시오

〔청소년이 행복한 세상을 함께 만들고 싶습니다〕

대학생 때 청소년을 위한 활동을 하고 싶었습니다. 그래서 비대면으로 진행하는 고민 상담 멘토링이나 청소년이 살고 있는 지역의 모니터링단 활동 등을 진행했습니다. 제가 이렇게 청소년을 위한 다양한 활동을 한 이유는 조금이라도 청소년이 행복하고 더 나은 사회에서 뛰어놀았으면 하는 바람으로 직접 발로 뛰었습니다. 저도 청소년기를 겪어 온 사람으로서 청소년기가 앞으로 살아가는 데 얼마나 중요한 성장기인지 잘 알고 있습니다. 그래서 가장 중요한 이 청소년기에 한 사람이라도 더 밝은 곳에서 조금이라도 웃을 수 있도록 저의 능력을 함께 기여했습니다. 이렇게 다양한 활동을 하면서 청소년폭력예방재단에 대해 처음 알게 되었습니다. 그리고 청소년 폭력 예방과 사회 변화를 만들어낸다는 재단의 가치를 느끼

게 되었고 제가 가진 능력을 재단을 위해 함께하고 싶다는 생각이 들었습니다. 비록 제가 비범한 능력이나 특출한 재능은 없어도 지금까지 쌓아 온 멘토링이나 업무 능력 그리고 이번에 지원하는 후원 관리에서의 업무를 토대로 청소년의 밝은 미래에 이바지하도록 하겠습니다. 지금 이 순간에도 보이지 않는 곳에서 고통받는 청소년들을 위해 따뜻한 세상을 만들고 싶습니다.

문항 2〉 주요 업무 능력을 기술하시오

〔10개의 NGO에서 8개 이상의 상장을 수여받다〕

대학생 2학년 때부터 NGO 기관에 관심이 많았습니다. 그래서 다양한 NGO 기관을 직접 찾으며 활동을 지원하였습니다. 하지만 제가 살고 있는 지역에는 NGO 기관이 단 한 개도 없기에 다른 지역에 가서 활동을 해야 했습니다. 이러한 상황 속에서도 저는 포기하지 않고 타 지역에 가서 봉사 활동을 진행했습니다. 그중 굿네이버스 기관에서 후원자 응대를 하는 봉사 활동을 한 적 있습니다. 후원자가 직접 기관에 전화가 오면 대신 전화를 받으며 사업과 프로그램을 소개하는 업무를 맡았습니다. 처음에는 많이 버벅거리고 스크립트가 있어야 했습니다. 하지만 시간이 흐르고 6개월 이상 활동을 하다 보니 스크립트가 필요 없어졌습니다. 이제는 술술 자연스럽게 후원자와 소통을 할 수 있었습니다. 또한 후원자 응대뿐만 아니라 후원자를 위한 감사 편지 쓰기, 상품 포장, 엑셀 작업 등의 활동을 하면서 후원자에게 감사한 마음을 간접적으로 담아 활동을 마무리하였습니다. 다음으로 저는 3년 동안 운영해 온 SNS 채널이 있습니다. 인스타그램과 블로그를 3년 동안 운영하면서 8000명 이상의 팔로워와 1700명 이상의 블로그 이웃들을 얻을 수 있었습니다. 그동안 제가 제작해 온 콘텐츠도 모두 2000개가 넘으며 다양한 콘텐츠 제작을 통해 많은 사람들에게 볼거리를 제공하였습니다. 이외에도 팔로워와 이웃들과 소통을 하며 서로의 안부를 묻고 유용한 팁도 함께 공유하는 등 서로를 위한 성장 파트너가 될 수 있었습니다. 이렇게 3년 동안 꾸준하게 SNS를 운영하고 NGO 기관의 홍보 활동도 적극적으로 한 결과 NGO 기관의 8개의 상장을 받을 수 있었습니다. 저는 SNS 관리나 콘텐츠 제작이 누군가 시켜서 하는 것이 아닌 제가 좋아하는 일이면서 제가 잘할 수 있는 일이기에 선택했습니다. 그래서 꾸준하게 운영하고 제작했고 전혀 기대하지 않았음에도 8개 이상의 상장을 받으며 NGO 기관에서의 그 인정을 받게 됐습니다.

서울아산병원

〈지원 기업 및 인적 사항〉
- 기본 정보: 서울아산병원 / 간호사 / 2023 상반기
- 합격자 정보: 서울 4년제 상위권 / 간호학과 / 학점 3.68 / 토익: 960

문항 1〉 자신의 성장 과정, 지원 동기, 장점 및 단점, 취미, 희망 업무 및 포부, 기타 특기 사항을 기술하시기 바랍니다.(최대 2500자)

〔성장 과정〕

인간은 그 자체로 목적이기에, 인간의 삶을 증진시키는 것이야말로 가장 가치 있는 삶이라는 신념에 따라 간호학과에 진학하였습니다. 진학 후 실패를 통해 배운다는 신념하에 최대한 많은 경험과 실패를 통해 배우고 성장하려고 노력하였습니다. 이에 지역사회 간호, 교육, 창업 등 간호를 적용할 수 있는 여러 분야에 도전하며, 적성과 흥미에 대해 진지하게 고민하였습니다. 그러던 중 병태생리, 성인간호학과 같은 임상 과목을 배우며, 관찰된 증상들을 종합하고 분석하여 합리적인 판단을 내리는 과정에 흥미를 느꼈습니다. 이는 곧 적극적이고 능동적인 학습으로 이루어졌고, 자연스럽게 학업 성취도 또한 오르는 경험을 하였습니다. 특히 병원 실습을 시작한 후, 지금까지의 고민을 잊을 정도로 임상 현장에서 간호가 갖는 전문성에 깊이 매료되었습니다. 특히 불치병이라고 생각하여 좌절하던 환자들이, 수술이 가능하다는 사실 하나만으로도 삶의 의지를 되찾는 것을 보며 의료 현장에서 일하는 것이 저의 소명이라고 느끼게 되었습니다.

〔희망 업무 및 포부〕

실습에서의 경험을 통해 중환자실, 그중에서도 수술 환자의 전후 간호를 맡는 외과계 중환자실 간호사로 일하고자 하는 꿈을 키우게 되었습니다. 특히 PICU/NICU 실습 중 간호사 선생님께서 매 순간 지금 상황에서 간호의 우선순위는 무엇인지, 그 이유는 무엇인지에 관해 쉬지 않고 질문하신 적 있습니다. 이론적 내용, 그리고 관찰한 내용들을 통합적으로 이해하고, 이를 바탕으로 신속하고 정확한 판단을 내리는 중환자실 간호. 중증도가 높은 환자들의 예상되는 위험을 조기에 발견하고, 다른 의료진들에게 주체적으로 care plan을 제시하는 중환자실 간호사가 되고 싶습니다. 궁극적으로는 임상 현장에서의 훈련과 경험을 토대로, 변화하는 의료 환경에 새로운 간호 표준을 마련할 수 있는 간호사가 되고 싶습니다.

〔지원 동기〕

성장 가능성이 높은 병원. 기술적/전문적인 간호사로서의 성장뿐 아니라 동료들 간 서로 배우며 성장하는 곳이 되리라 생각하여 지원하였습니다. 서울아산병원은 연간 6만 건에 달하는 고난도 수술을 성공시키는 세계 최고 수준의 의료기술을 보유한 병원입니다. 국내에서 가장 중증도가 높은 질환들을 다루는 만큼 중환자 간호사로서의 전문성을 기를 수 있는 최고의 환경으로, 그 어디보다 많이 성장할 수 있는 곳이라 판단하여 지원하였습니다. 다양한 대내외 활동을 통해 팀으로 일하면서, 같이 일하는 동료들의 역량 및 동기 부여 상태에 따라 조직 내 성과가 달라지는 것을 경험하였습니다. 끊임없이 변화하고 혁신해 나가는 의료현장에서 구성원들의 높은 동기 부여 및 업무 몰입도는 성장할 수 있을 합리적인 성과 평가 및 보상 체계를 통해 끊임없이 구성원의 자기계발을 장려하는 아산병원의 시스템이 저와 부합한다고 생각하였습니다.

〔취미 및 특기〕

의료 현장에서 보고 배운 다양한 경험과 그때의 감정을 기록하려는 과정에서 글쓰기라는 취미를 갖게 되었습니다. 그날 힘들었던 일 등을 적으며 스트레스를 풀기 위해 시작한 글쓰기 1000시간의 실습 끝에 총 8권이 넘는 실습일지로 남았습니다. 특히 몰랐던 것, 후회되는 것들을 복기하고, 다음에는 어떻게 더 나아질 수 있을지 반영해볼 수 있었습니다. 이러한 자기 성찰을 통해 가치관을 정립해 나가며 진정한 '나'를 알아 가는 재미를 느끼게 되었습니다.

〔장점 및 단점〕

저의 가장 큰 장점은 도전적이며, 실패를 통해 배우려는 자세를 갖고 있다는 것입니다. 실제로 교내 핵심 간호 술기 시험 중 외과적 손 씻기 부분에서 저를 포함한 조원들이 멸균 유지와 관련된 수십 가지가 넘는 개선 사항을 지적 받은 경험이 있습니다. 대다수는 시험이 너무 어려웠다며 좌절했지만, 저는 해당 지적 내용을 전부 수첩에 적어 그날 저녁 내로 개선하려고 노력했습니다. 그 노력 덕분에 바로 다음 날 수술장에서 집도의 교수님께서 실습생 중 외과적 손 씻기를 할 줄 아는 사람이 있냐고 하셨을 때 자신 있게 자원할 수 있었습니다. 그 덕에 멸균 영역 내에서 suction을 보조하며 수술에 직접 참여하고, 수술의 흐름을 배우는 기회를 얻게 되었습니다. 이와 같은 성공 경험은 위기와 역경을 오히려 개인적 성장의 기회로 받아들이는 마음가짐을 길러주었습니다. 다만 누군가의 부탁을 잘 거절하지 못하는 성격이라는 단점을 갖고 있습니다. 이러한 성격으로 종종 팀 프로젝트에서 무리한 업무를 맡은 경험이 있었습니다. 그러나 학생회 임원으로, 혹은 학교 밖의 현장에서 일하면서 진정으로 팀에 기여하기 위해서는 상황에 따라 불필요한 일, 혹은 역량 밖의 일은 거절해야 함을 배웠습니다. 자신의 능력과 역량을 정확히 파악하여서 할 수 있는 일과 그렇지 않은 일을 구별하여 선택과 집중을 하고자 노력하고 있습니다.

문항 2〉 본원의 핵심 가치 중 자신과 가장 부합하다고 생각하는 가치를 선택하여 그 이유를 경험을 토대로 서술하시기 바랍니다.(최대 1500자)

아산병원의 가치 중 저와 가장 잘 어울리는 것은 '공동체 중심 사고'입니다. 사람들과 어울리는 것을 즐기며, 공동의 목표를 가진 능력 있는 팀원들과 일할 때 가장 많은 동기 부여를 받기 때문입니다. 이러한 성격으로 중학교 때부터 대학 진학 후까지 꾸준히 오케스트라, 합창 등 다양한 협주 및 협연을 하며 책임감을 기르고, 팀워크의 기본이 되는 두 가지 원칙을 세워 지키고 있습니다. 첫째로는 팀원들 간 업무의 흐름에 대한 공통적인 이해를 바탕으로 정확하고 효율적인 의사소통을 하는 것, 그리고 갈등 상황에서 타인의 의견을 의식적으로 경청해야 한다는 것입니다. 실제로 첫 번째 원칙을 적용하여 업무 능률을 향상시킨 경험이 있습니다. 3명의 팀원이 150여 명의 독거노인에게 포괄적 노인 평가CGA를 수행하는 연구에서, 초반에 검사 내용을 3개 파트로 나눠 팀원 모두가 하루씩 모든 파트를 수행해 보았습니다. 이를 통해 모든 팀원이 각 파트별 검사의 특징과 소요 시간을 파악하고, 공통으로 해결할 수 있는 문항들을 확인하여, 한쪽에서 지연이 일어나더라도 다른 팀원이 검사의 연속성을 이어갈 수 있었습니다. 이 결과 단순히 1/3로 기계적인 분업을 한 팀들에 비해 신속하고 정확하게 연구를 진행할 수 있었으며, 저희 팀은 추후 따로 재계약 제의를 받는 등 좋은 피드백을 받았습니다. 또한 두 번째 원칙을 통해 갈등을 해결하고 위기를 기회로 바꾼 경험이 있습니다. 간호관리학 실습 중 공격적인 태도의 팀원으로 인해 팀 내에 감정적으로 격한 갈등이 일어났던 적 있습니다. 이때 저는 팀 프로젝트를 성공적으로 달성하기 위해서는 그 팀원에 맞서 공격하거나 그 사람을 배제하기보다는, 오히려 그 사람에게서 자발적인 협력을 이끌어 내야 한다고 생각했습니다. 이에 해당 팀원이 왜 그렇게 느꼈는지에 대해 이야기할 기회를 주고, 이를 경청하려고 노력하였습니다. 또한 프로젝트 진행 사항에 대한 해당 팀원의 의견을 더 적극적으로 물어보며, 가능한 한 이를 반영하려는 태도를 취했습니다. 이처럼 먼저 소통하고 문제를 해결하고자 하는 태도를 취하였기에 감정의 골은 더 이상 깊어지지 않았고, 해당 팀원의 적극적이고 능동적인 참여를 이끌어 낼 수 있었습니다. 결과적으로 저희 팀은 고른 기여로 완성도 높은 보고서를 제출할 수 있었고, 그 과정에서 팀원들 간 갈등도 많이 해소되어 좋은 마무리를 할 수 있었습니다. 이와 같은 경험들을 통해 기른 공동체 중심의 사고는 향후 간호사로서, 또는 한 병동의 팀원으로서 기여할 수 있는 자세를 갖출 수 있게 해 주었습니다.

삼성서울병원

〈지원 기업 및 인적 사항〉

- 기본 정보: 삼성서울병원 / 신입 간호사 / 2023 상반기
- 합격자 정보: 지방 사립대 / 간호학과 / 학점 4.3 / 토익 905 / 특기 사항: 대학생 청소년 교육지원 / 자격: 컴퓨터활용능력 1급, bls 자격증

문항 1〉 삼성서울병원에 지원한 이유와 입사 후 회사에서 이루고 싶은 바를 기술하십시오.

최상의 간호를 통해 환자 행복이라는 비전을 실천하는 삼성서울병원에서 사람 중심 간호를 실현하기 위해 지원했습니다. 정서적 공감과 치료적 의사소통 능력을 활용하여 환자뿐만 아니라 보호자에게도 따뜻한 위로를 건네는 간호사로 병원에서 환자들이 긍정적으로 치유에 임할 수 있도록 돕겠습니다. 지역아동센터에서 6년간 봉사 활동과 튜터링을 진행한 경험을 바탕으로 입사 후 SMC 간호 봉사단에서 지역사회에 봉사하는 SMC 간호사가 되겠습니다. 또한 SPEC을 따라 역량을 길러 입사 3년 후에는 프리셉터로서 후배 간호사들에게 본이 되는 간호사가 되겠습니다. 입사 10년 후에는 행복한 프리셉터쉽으로 Best Practice에 선정되어 나

이팅게일 시상을 받는 우수한 간호사가 되어 삼성서울병원의 발전에 기여하겠습니다.

문항 2〉 지원한 직무를 잘 수행할 수 있는 이유를 구체적으로 기술해 주십시오(직무 전문성을 키우기 위한 학업적 노력 및 실무 경험 등을 중심으로)

첫째, 적극적으로 배우려는 자세로 임합니다. A+를 목표로 학과 수업 후 강의안을 보며 정리본을 만드는 학습 계획을 세워 매일 배운 내용을 복습했습니다. 실습 중 관찰한 실제 케이스와 관련된 이론을 더욱 심도 깊게 공부했습니다. 그 결과 성적 우수 장학금 3회, 지역자치단체 장학금 1회를 받을 수 있었습니다. 적극적으로 배우려는 자세를 바탕으로 전문 직무 능력 향상 프로그램에 성실히 참여하여 간호의 질을 향상하겠습니다. 둘째, 경청하는 태도와 세심한 배려를 지녔습니다. 실습 중 만난 간암 환자에게 불면 증상이 있다는 것을 알게 되었습니다. 대화를 통해 불면의 원인은 의식 소실에 대한 경험으로 인해 다칠 수 있다는 두려움 때문임을 알게 됐습니다. 환자 주변 사물함의 모서리에 보호 쿠션을 부착해 드리고, 이동 시 휠체어를 활용하는 방법을 알려 드려 불안 요인을 감소시켰습니다. 환자분께서는 덕분에 불안이 많이 줄어들었다고 고맙다 하셨습니다. 열심히 공부하여 습득한 간호 지식과 능동적으로 환자를 관찰하여 문제를 해결한 경험을 바탕으로 최상의 간호를 제공하여 환자의 육체적 회복뿐만 아니라 정서적 지지를 제공하는 간호사가 되겠습니다.

문항 3〉 타인과 협력하여 공동의 목표 달성을 이루어 낸 경험에 대해 기술해 주십시오.

2주간의 성인간호학 실습에서 조를 이루어 케이스를 작성하며 협력의 중요성을 깨달았습니다. 케이스로 선정됐던 대상자가 퇴원하여 다시 3일 만에 새로운 케이스를 작성해야 했습니다. 효율적인 진행을 위해 각자의 역량과 선호도를 고려하여 역할을 분담했습니다. 저는 대상자와 대화하며 환자의 감정과 상황을 이해하는 것을 선호하였기 때문에 간호사정 파트를 맡아 간호 문제를 목록화했습니다. 한편 소극적인 태도를 유지하는 조원도 있었지만, 조장을 도와 조원들을 격려하며 모두가 적극적으로 수행해야 함을 강조했습니다. 아직 다 끝내지 못한 조원에게 자료를 찾아 주고 같이 수정해 주며 도움을 줬습니다. 처음에는 소극적이었던 조원도 점점 적극적인 태도로 바뀌어 후에는 모두 서로 도움을 주는 모습을 볼 수 있었습니다. 그 결과 케이스를 성공적으로 마무리하여 발표 당일 교수님의 칭찬까지 받는 성취를 이뤘고, A+의 학점을 받을 수 있었습니다. 이 경험을 통해 서로 격려하고 배려하는 태도가 위기를 해결할 뿐만 아니라 완성도 높은 결과를 이룰 수 있음을 깨달았습니다. 격려와 배려를 통해 삼성서울병원의 협력적 조직 문화를 구축하기 위하여 노력하는 간호사가 되겠습니다.

Part. 3

**공기업
취업의
모든 것**

NCS 자소서 작성

NCS와 공기업의 이해

현장에서 취준생들과 상담을 진행해 보면 공기업에 대한 관심이 상당함을 느낄 수 있다. 일반 사기업에 비해 정년이 확실히 보장된다는 면에서 공기업, 공공기관은 여전히 인기가 높다. 그래서 이번 장에서는 많은 취준생들이 주목할 만한 공기업과 공공기관에 포커스를 맞추어 이야기해 보고자 한다.

먼저 당신이 공기업에 관심을 두고 있다면 반드시 NCS를 완벽히 이해하고 있어야 한다. NCS가 뭘까? 국가정보원NIS처럼 무슨 정보기관을 말하는 걸까? 아니다. NCS는 '국가직무능력표준NCS, National Competency Standards'의 약자로, 직무를 수행하는 데 필요한 지식이나 기술, 태도 등의 능력을 국가에서 표준화한 것을 뜻한다. 쉽게 말해 특정 직무를 수행하기 위해 어떤 능력을 갖춰야 하는지를 명확하게 제시하는 일종의 지침서라고 할 수 있다.

이렇게 NCS를 알고 나니 다시 한 가지 원초적인 궁금증이 생긴다. 공기업이란 정확히 무엇을 말하는 걸까? 공기업의 의미와 범주는 어떻게 될까? 국가와 관계되면 무조건 공기업이라고 할 수 있을까?

공기업은 중앙정부 또는 지방자치단체가 설립하여 운영하는 기업을 의미한다. 즉, 국가나 지방자치단체가 주주가 되어 운영하는 기업이라고 생각하면 쉽다. 공기업의 특징은 크게 다음의 세 가지로 말할 수 있다.

첫째, 공공성이다. 국민의 복지 증진과 공공 서비스 제공 등 공공의 목적을 위해 설립한 것이어야만 한다. 둘째, 수익성 추구다. 공기업도 수익을 내야만 한다. 기업이니까 당연하다. 공공성을 추구하면서도 재정 자립도를 높이기 위해 수익 창출을 목표로 하는 것이 공기업이다. 셋째, 정부의 통제를 받는다. 정부의 정책 방향에 따라 운영되며, 정부로부터 다양한 형태의 지원을 받는 것이 공기업이다.

공기업의 종류로는 다음과 같은 기업들이 있다. 먼저 우리가 익히 잘 알고 있는 전통적인 공기업인 한국전력공사, 한국가스공사, 한국철도공사, 한국도로공사 등 SOC(사회간접자본) 분야의 기업들이 있다. 또 준정부기관으로 한국토지주택공사LH, 한국수자원공사 등 국민 생활과 밀접한 관련된 서비스를 제공하는 기업들이 있다. 끝으로 기타 공공기관이 있으며, 대표적으로 한국화학연구원 같은 연구개발R&D기관과 금융기관 등 다양한 분야의 기관들이 포함되어 있다.

그렇다면 공기업은 어떤 역할을 할까? 앞서 말한 대로 국민들의 일상과 관련되어 있는 서비스인 공공 서비스를 제공하는 부분이 가장 크다. 우리 삶에 필수적인 전기, 가스, 수돗물 등 필수 공공 서비스를 안정적으로 제공하는 역할을 한다. 그리고 국민 경제 발전에 기여하는 역할을 한다. 교량, 철도, 도로 등 SOC(사회간접자본) 건설과 산업 지원 등을 통해 국가 경제 발전에 기여한다. 끝으로 공공 정책을 통해 정부의 정책을 효과적으로 수행하는 역할을 한다.

이러한 공기업은 사기업에서는 하기 어려운, 공기업만의 대표적인 기능을 수행한다. 이는 다음과 같이 크게 세 가지로 설명할 수 있다.

첫째, 시장 실패의 보완이다. 민간 기업이 투자하기 꺼리는 분야에 투자해 시장 실패를 보완한다. 둘째, 공공성의 확보. 수익성만을 추구하는 민간 기업과 달리, 공공의 이익을 우선시하는 것이 공기업이다. 셋째, 규모의 경제를 실현한다. 공기업은 대규모 투자와 운영을 통해 규모의 경제를 실현하고, 서비스 비용을 절감할 수 있다. 쉽게 말해 공기업은 국민의 삶의 질 향상과 국가 경제 발전에 기여하는 역할을 담당하는 곳이라 보면 되겠다.

NCS 자기소개서 작성을 위한 워밍업

앞에서 NCS의 정의와 공기업에 대해서 살펴보았다. 그러면 지금부터는 NCS 자소서 작성을 위해 NCS의 목적과 NCS 기반 자소서 작성법에 대해 설명을 이어간다.

우선 NCS를 도입한 목적은 이렇다. 첫째, 객관적인 인재 채용을 위함이다. 이는 기존의 지원자 스펙 중심의 평가에서 벗어나 직무 수행 능력 중심의 공정한 평가를 가능하게 한다. 둘째, 직무 중심의 교육 훈련을 하기 위함이다. 이를 통해 직무에 필요한 능력을 명확히 제시하여 효과적인 교육 훈련 체계를 구축할 수 있다. 셋째, 국가 경쟁력 강화를 위함이다. 인력의 직무 능력 향상을 통해 국가 산업 경쟁력을 높이는 데 기여할 수 있다.

그렇다면 취준생들은 왜 NCS에 관해 명확히 이해해야 할까? 그것은 공기업 등 대부분의 기업 채용 시 필수이기 때문이다. 많은 기업들이 NCS 기반 채용을 도입해, NCS를 이해하지 못하면 지원 자체가 어려울 수 있다. 특히 NCS 기반 자기소개서에서는 직무 관련 경험을 구체적인 행동과 결과 중심으로 작성해야 하므로, NCS를 이해해야 효과적인 자기소개서를 작성할 수 있다.

요즘은 자소서 작성 이후 면접에서도 NCS 기반 면접을 진행하므로 직무 수행 능력과 관련된 질문이 주로 나온다. 따라서 취준생들은 NCS를 통해 자신의 역량을 어필해야 한다.

최근 NCS 기반 채용이 일반화되면서, 단순한 스펙 나열이 아닌 직무 수행 능력을 증명하는 것이 보다 중요해졌다. 따라서 NCS 자기소개서를 위한 워밍업은 성공적인 취업을 위한 필수 과정이라 하겠다. 지금부터는 NCS 자기소개서 작성에 대해 자세히 알아보고, 성공적인 취업을 위한 전략을 세워보도록 하겠다.

〈NCS 자기소개서 작성 가이드〉

NCS 자기소개서는 단순히 자신의 경험을 나열하는 것이 아니라, 지원 직무와 관련된 핵심 역량을 어떻게 갖추고 있는지 구체적인 사례를 통해 보여주는 것이 가장 중요하다. 결론적으로 NCS 자소서는 단순히 경력과 학력을 나열하는 것이 아니라, 지원 직무와 관련된 자신의 경험을 구체적인 행동과 결과 중심으로 작성해야 함을 잊지 마시길.

1. 지원 직무 분석

먼저 NCS 직무 기술서를 꼼꼼히 읽는다. 이를 통해 지원하는 직무에서 요구하는 지식, 기술, 태도 등을 파악한다. 다음으로 기업의 직무 설명서를 분석한다. 여기에서는 기업이 해당 직무에서 중점적으로 요구하는 역량을 확인한다. 이후 자신의 강점과 약점을 명확히 파악한다. 이는 자신의 강점을 최대한 활용하여 직무 수행 능력을 어필하고, 약점은 보완하기 위한 노력을 보여주는 것이기 때문에 취준생들은 유념해서 자신의 장단점을 정확히 인지하는 것이 중요하다.

2. 경험 중심으로 작성

이 부분에서는 이른바 'STAR 기법'을 활용하는 것이 유용하다. 앞에서 여러 번 나왔지만 상황Situation, 과제Task, 행동Action, 결과Result의 약자인 이 기법을 활용하여 구체적으로 자소서를 작성해 경험을 효과적으로 전달해야 한다. 이 4요소를 중심으로 경험을 구체적으로 작성하는 것이 관건이다.

여기에서는 가능한 한 수치를 활용하여 결과를 명확하게 제시하는 것이 좋다. 매출 증가율, 생산성 향상 등을 구체적으로 적시하는 것이다. 또한 핵심 역량을 강조하기 위해서 작성한 경험이 어떤 NCS 능력과 관련이 있는지 명확하게 연결하여 제시한다.

3. STAR 기법에 맞춘 NCS 자기소개서 예시

상황: 대학교 축제 기획팀에서 회계를 담당했습니다.

과제: 예산 관리를 통해 효율적으로 축제를 운영하고, 수익을 극대화해야 했습니다.

행동: 예산 항목별로 세부적인 계획을 수립하고, 매일 지출 내역을 기록하여 예산 편차를 최소화했습니다. 또한 후원금 유치를 위해 다양한 기업에 제안서를 작성하고, 직접 방문하여 설명했습니다.

결과: 예산을 10퍼센트 절감하고, 후원금을 20퍼센트 증액하여 축제를 성공적으로 개최했습니다. 이를 통해 예산 관리 능력과 커뮤니케이션 능력을 향상시킬 수 있었습니다.

4. NCS 자기소개서 작성 시 주의할 점

과장된 표현을 자제해야 한다. 지원자 대부분이 많은 것을 어필할 욕심에 소설(?)을 쓰는 경향이 있다. 심사위원들은 이런 지원자들의 과장법에 익숙하다. 따라서 담백하고 솔직하고 진솔하게 자신의 경험을 작성하는 것이 좋다.

또한 어려운 전문 용어 사용은 자제하라. 누구나 이해할 수 있는 간결하고 명확한 문장으로 작성하는 것이 중요하다. 심사위원들도 똑같은 사람이다. 수많은 지원자의 자소서를 읽어야 하는데 학술적, 전문적 용어가 난무한다고 해서 절대 반기지 않는다. Part.1에서 말하고 있는 것처럼 심사위원들은 우리가 밤을 새고 작성한 소중한 자소서를 길어야 2분, 짧으면 30초 안에 읽는다는 사실을 명심하라.

5. NCS 기초 능력별 작성 가이드

- 문제 해결 능력: 문제를 분석하고 해결책을 찾아 실행한 경험을 구체적으로 기술한다.
- 자기 계발 능력: 새로운 지식이나 기술을 습득하고, 스스로 발전하기 위해 노력한 경험을 기술한다.
- 대인 관계 능력: 타인과 원활하게 소통하고 협력하여 공동의 목표를 달성한 경험을 기술한다.
- 자원 관리 능력: 시간, 예산, 인력 등을 효율적으로 관리하여 목표를 달성한 경험을 기술한다.

- 정보 활용 능력: 필요한 정보를 수집하고 분석하여 문제를 해결한 경험을 기술한다.

6. NCS 관련 정보

국가에서 운영하는 국가직무능력표준 홈페이지가 별도로 있다. 이곳에서 다양한 직무의 NCS 직무 기술서를 확인할 수 있다. 또 전문 취업 컨설턴트로부터 NCS 관련 강의를 듣는 것을 추천한다. NCS에 대한 이해를 높이고, 실전적인 작성 방법을 익힐 수 있다.

결론적으로 NCS는 취업 시 필수적으로 이해해야 하는 중요한 개념이다. 아무쪼록 이 책을 읽고 있는 취준생 여러분들은 NCS를 기반으로 자신의 역량을 효과적으로 어필하는 자기소개서를 작성하여, 성공적인 취업을 이루시기만을 바란다.

공기업에 특화된 NCS 직무 역량 강화 방안

공기업에 특화된 직무 역량 강화를 위해서는 NCS 기반 직무 역량을 강화해야 한다. 이 둘은 동의어라고 해도 무방할 정도이다. 그만큼 NCS에 기반한 직무 역량 방안이 중요하며, 이는 곧 성공적인 자소서 작성을 위한 로드맵이 되기 때문이다.

앞서 설명한 대로 NCS는 직무 수행에 필요한 지식, 기술, 태도를 국가에서 표준화한 것으로, 직무 역량 강화를 위한 효과적인 로드맵을 제공한다. NCS를 기반으로 직무 역량을 강화하기 위한 방법에는 다음과 같은 방안들이 있다.

1. NCS 직무 기술서 분석

- 자신의 직무 찾기: 관심 있는 직무나 현재 수행하고 있는 직무의 NCS 직무 기술서를 찾아 꼼꼼히 살펴본다.
- 핵심 역량 파악: 직무 수행에 필요한 핵심 역량(지식, 기술, 태도)을 파악하고, 자신이 부족한 부분은 무엇인지 확인한다.
- 역량 간의 연관성 파악: 각 역량 간의 연관성을 파악하여, 어떤 역량을 강화해야 다른 역량도 향상될 수 있는지 고민한다.

2. 맞춤형 학습 계획 수립

- 온라인 학습 플랫폼 활용: NCS 기반 온라인 강의, 교육 콘텐츠를 활용하여 부족한 부분을 학습한다.
- 오프라인 교육 프로그램 참여: 관련 자격증 취득, 교육 프로그램 참여 등을 통해 체계적인 학습을 진행한다.
- 실무 경험 쌓기: 인턴십, 프로젝트 참여 등을 통해 실제 업무를 경험하고, 학습한 내용을 실전에 적용해 본다.

3. 목표 설정 및 성과 관리

- SMART 목표 설정: 구체적Specific, 측정 가능Measurable, 달성 가능 Achievable, 관련성 있는Relevant, 시간 제한적인Time-bound 목표를 설정한다.
- 정기적인 자기 평가: 학습 과정에서 자신이 설정한 목표를 달성하고 있는지 주기적으로 평가해 본다.
- 피드백 활용: 선배나 동료, 전문가에게 피드백을 구하고, 자신의 부족한 부분을 개선해 나간다.

4. 네트워킹 활용

- 관련 분야 전문가와의 교류: 멘토링이나 스터디그룹 등을 통해 전문가들과 교류하며 정보를 얻고 조언을 구한다.
- 업계 동향 파악: 관련 분야의 뉴스, 논문, 세미나 등을 통해 최신 정보를 습득하고 변화하는 환경에 적응한다.

5. NCS 기반 자기 계발 도구 활용

- NCS 직무 능력 진단: 자신의 강점과 약점을 파악하고, 개선해야 할 부분을 찾기 위한 도구로 활용한다.
- NCS 기반 경력 개발 로드맵: 장기적인 관점에서 자신의 경력을 설계하고, 목표를 달성하기 위한 구체적인 계획을 수립한다.

끝으로 NCS 기반 직무 역량 강화를 위한 나만의 비법을 한 문단으로 요약하면 이렇다.

우선 다양한 경험을 적극 활용하라는 것이다. 대학교 동아리 활동이나 아르바이트, 봉사 활동 등 다양한 경험을 활용하여 자기소개서를 풍성하게 만들 수 있다. 아울러 성장 스토리를 기재할 때는 단순히 경험을 나열하는 것이 아니라, 경험을 통해 어떤 것을 배우고 성장했는지를 강조하는 것이 중요하다.

또한 꾸준함이 매우 중요하다. 날마다 짧은 시간이라도 꾸준히 학습하는 것이 매우 중요하다. 이때는 다양한 학습 방법을 활용하는 것이 좋다. 책, 동영상, 실습 등 다양한 학습 방법을 활용하여 학습 효과를 높여야 한다.

그리고 무엇보다 취준생들에게 말하고 싶은 것은 불합격(실패)을 두려워하지 말고, 늘 자신감으로 충만한 상태에서 자소서를 작성하라는 말을 하고 싶다. 취업 성공을 위해서는 물론 자소서를 잘 작성하는 것도 중요하다. 하지만 긍정적인 마음가짐과 자신감을 갖는 것이 바탕이 되어야 한다.

아무리 출중한 스팩과 경험을 갖추고 글솜씨가 있다고 해도 부정적인 생각으로 가득 차 있으면 자소서 작성에서 제 실력을 발휘할 수 없다. 언제나 목표를 달성할 수 있다는 자신감과 용기를 갖길 바란다.

NCS 공공기관
채용의 핵심

공기업의 채용 트렌드

최근 공기업 채용 시장은 빠르게 변화하고 있다. 과거 스펙 중심의 채용에서 벗어나 직무 수행 능력 중심으로 평가 기준이 바뀌고 있다. 그리고 다양한 채용 방식과 평가 도구가 도입되고 있는 실정이다. 이런 점에서 공기업의 채용 트렌드는 다음과 같이 정리가 가능하다.

첫째, NCS 기반 채용이 강화되고 있다는 점이다. 최근 NCS를 기반으로 직무 수행에 필요한 능력을 평가하는 것이 한층 일반화되고 있다. 이에 기업들은 NCS 기반으로 작성된 자기소개서와 면접을 통해 지원자의 직무 적합성을 평가한다.

둘째, 인성 중심의 평가가 강화되고 있다. 단순한 지식 습득 능력뿐만 아니라, 문제 해결 능력, 협업 능력, 조직 적응력 등 인성을 중시하는 평가가 강화되고 있다.

셋째, 다양한 평가 도구가 활용되고 있다. AI 면접, 역량 면접, PT 면접 등 다양한 평가 도구를 활용하여 지원자의 잠재력을 종합적으로 평가하는 추세다.

넷째, 체험형 채용이 더욱 확대되고 있다. 인턴십, 현장 실습 등을 통해 지원자의 실무 능력을 평가하고, 조직 적응력을 확인하는 체험형 채용이 확대되고 있다.

다섯째, 수시 채용이 보다 활발하게 이루어지고 있다. 기업들이 상시 채용 또는 수시 채용을 통해 필요에 따라 인재를 채용하는 방식이 확산되고 있다.

공기업 채용 준비 전략

지금까지 기술한 공기업의 채용 트렌드에 맞추어 '취업 성공 전략'을 세우면 다음과 같다.

먼저, NCS 학습을 즉각 시행한다. NCS 직무 기술서를 꼼꼼히 분석하고, 관련 자격증 취득이나 교육 프로그램에 참여해 NCS 기반 역량을 강화해야 한다. 다음으로 풍부한 직무 경험을 쌓아야 한다. 여기서 말한 풍부함이란 양적인 측면을 말하는 것이 아니라, 자신이 지원하는 직무에 맞춘 정확한 경험을 의미한다. 자신의 희망 직무에 입각해서 지원자들은 인턴십, 프로젝트 참여 등을 통해 실무 경험을 쌓고, 직무 관련 지식과 기술을 향상시켜야 한다.

아울러 자기소개서의 차별화가 필요하다. NCS 기반으로 구체적인 경험과 성과를 중심으로 작성하여 자신만의 강점을 어필해야 한다. 이때는 과장하지 말고 있는 그대로 자신의 특장점을 강조하는 것이 중요한데, 앞서 NCS 자소서 작성법을 참조하면 된다.

또한 지원하는 기업의 비전, 가치관, 사업 분야 등을 충분히 이해하고 있어야 한다. 그래야 자기소개서를 정확하고 풍부하게 쓸 수 있고, 이후 면접 또한 대비할 수 있다. 끝으로 꾸준한 자기개발에 중점을 두어 새로운 기술을 배우고, 외국어 능력을 향상시키는 등 끊임없이 노력하는 것이 무엇보다 중요하다.

NCS 블라인드 채용의 이해

블라인드 채용이란 말 그대로 기업에서 '눈을 가리고' 지원자를 선발하는 것이다. 학력, 출신, 집안 배경, 외모 등 개인적인 정보는 가리고, 오로지 직무 수행 능력만으로 지원자를 평가하는 채용 방식이다.

그렇다면 기업들은 왜 블라인드 채용을 할까? 첫째, 공정성을 확보하기 위해서다. 학력, 출신 등 개인적인 배경으로 인한 차별을 없애고, 오로지 능력으로 평가하고자 함이다. 둘째, 다양성의 확보다. 다채로운 구성원들로 이루어진 조직일수록 갖가지 임무 수행이 가능하며 특수 상황에서도 보완성과 회복력을 높일 수 있기에 기업들은 다양한 배경을 가진 인재를 발굴하여 조직의 역량을 강화한다. 셋째, 채용 비용을 절감하기 위해서다. 기업들은 블라인드 채용으로 불필요한 서류 심사를 줄여 채용 비용을 절감할 수 있다.

이쯤 되면 NCS와 블라인드 채용에는 어떤 모종의 관계가 있는지 궁금해진다. 이 둘에는 연관성이 있을까, 없을까? 당연히 있다. NCS는 블라인드 채용의 기반이 된다. 왜냐하면 NCS는 직무 수행 능력을 구체적으로 제시하고 있으므로 블라인드 채용에서 요구하는 직무 능력 중심 평가를 구현하는 데 가장 적합한 도구이기 때문이다. NCS 기반 블라인드 채용 절차와 준비 방법은 아래와 같이 일목요연하게 정리가 가능하다.

〈NCS 기반 블라인드 채용 프로세스〉

1) 서류 심사: 학력, 경력 등 개인 정보를 가리고, NCS 기반 자기소개서를 통해 직무 관련 경험과 역량을 평가한다.

2) 필기시험: NCS 기반 필기시험을 통해 지원자의 직무 지식과 문제 해결 능력을 평가한다.

3) 면접: 블라인드 면접을 통해 지원자의 직무 수행 능력, 문제 해결 능

력, 의사소통 능력 등을 평가한다.

〈블라인드 채용 준비법〉

1) NCS 학습: NCS 직무 기술서를 꼼꼼히 분석하고, 관련 자격증을 취득하거나 교육 프로그램에 참여하여 NCS 기반 역량을 강화한다.

2) 경험 중심의 자기소개서 작성: NCS 기반 자기소개서를 작성할 때는 STAR 기법(Situation, Task, Action, Result)을 활용하여 구체적인 경험을 제시하고, 어떤 역량을 활용했는지 명확하게 드러내야 한다.

3) 면접 준비: 블라인드 면접에서는 직무 관련 질문, 문제 해결 능력, 태도 등을 평가하므로 다양한 유형의 면접 질문에 대한 답변을 준비해야 한다.

4) 기업 분석: 지원하는 기업의 비전, 가치관, 사업 분야 등을 꼼꼼히 분석하여 기업에 대한 이해도를 높여야 한다.

결론적으로 NCS와 블라인드 채용은 공정한 채용 문화를 정착시키고, 직무 중심의 인재를 선발하기 위한 노력의 일환이라 하겠다. 이에 취준생 여러분들은 NCS를 충분히 이해하고, 블라인드 채용에 맞는 준비를 철저히 한다면 분명 바라는 결과를 얻을 수 있을 것이다.

NCS 10대 직업기초능력과 채용

앞에서 NCS에 대해서 많이 언급했으므로 이제는 완전히 숙지했을 것이다. 그러나 '10대 직업기초능력'이 무엇인지는 생소할 수 있다.

NCS에서 제시하는 10대 직업기초능력은 모든 직무에서 필요로 하는 기본적인 능력을 말한다. 따라서 NCS가 제시하는 능력들을 잘 갖추고 있다면 다양한 직무에 적응하고 성공적으로 일할 수 있는 기반을 마련하게 된다. 먼저 10대 직업기초능력의 개념을 설명하면 아래와 같다.

1) 의사소통 능력: 글과 말을 통해 정보를 정확하게 주고받고, 다른 사람의 의견을 경청하고 이해하는 능력이다.
2) 수리 능력: 수치를 다루고 자료를 분석하며 논리적인 판단을 할 수 있는 능력이다.
3) 문제 해결 능력: 문제 상황을 정확하게 인식하고, 창의적인 방법으로 해결책을 찾아내는 능력이다.
4) 자기 계발 능력: 새로운 지식과 기술을 습득하고 변화하는 환경에 적응하며 스스로 발전시키는 능력이다.
5) 자원 관리 능력: 시간, 예산, 인력 등의 자원을 효율적으로 계획하고 관리하는 능력이다.
6) 대인 관계 능력: 다른 사람과 원활하게 소통하고 협력하여 공동의 목표를 달성하는 능력이다.

7) 정보 능력: 필요한 정보를 찾고, 분석하고, 활용하여 문제를 해결하는 능력이다.

8) 기술 능력: 도구나 장비를 사용하여 작업을 수행하고, 새로운 기술을 습득하는 능력이다.

9) 리더십: 다른 사람을 이끌고, 조직을 효과적으로 운영하는 능력이다.

10) 창의성: 새로운 아이디어를 창출하고, 기존의 방식에서 벗어나 문제를 해결하는 능력이다.

아래에서는 각각의 능력의 중요성과 10대 직업기초능력을 키우는 방법에 대해 설명을 이어간다.

1) 의사소통 능력: 보고서 작성, 프레젠테이션, 팀 회의 등 다양한 상황에서 효과적으로 의사소통해야 한다.

2) 수리 능력: 데이터 분석, 예산 관리, 생산 계획 수립 등 수치를 다루는 업무에서 필수적이다.

3) 문제 해결 능력: 예상치 못한 문제 상황에 직면했을 때, 창의적인 해결책을 찾아내고 실행해야 한다.

4) 자기 계발 능력: 빠르게 변화하는 사회에서 살아남기 위해 끊임없이 배우고 성장해야 한다.

5) 자원 관리 능력: 시간과 예산을 효율적으로 활용하여 업무 효율성을

높여야 한다.

6) 대인 관계 능력: 동료, 상사, 고객 등 다양한 사람들과 원활하게 소통하고 협력해야 한다.

7) 정보 능력: 방대한 정보 속에서 필요한 정보를 찾아내고, 이를 바탕으로 판단을 내려야 한다.

8) 기술 능력: 컴퓨터 활용 능력, 외국어 능력 등 다양한 기술을 습득하여 업무를 효율적으로 처리해야 한다.

9) 리더십: 팀을 이끌고 목표를 달성하기 위해서는 리더십이 필요하다.

10) 창의성: 새로운 아이디어를 통해 기업의 경쟁력을 높이고, 문제를 혁신적으로 해결해야 한다.

〈10대 직업기초능력을 키우는 법〉

1) 다양한 경험: 학교생활, 동아리 활동, 아르바이트 등 다양한 경험을 통해 실제적인 능력을 키울 수 있다.

2) 학습: 책을 읽거나 온라인 강의를 통해 전문적인 지식을 습득하고 자격증을 취득할 수 있다.

3) 실천: 학습한 내용을 실제 생활에 적용하고, 피드백을 통해 부족한 부분을 개선할 수 있다.

4) 멘토링: 선배나 전문가의 도움을 받아 멘토링을 통해 성장할 수 있다.

5) 네트워킹: 다양한 사람들과 교류하며 새로운 아이디어를 얻고 정보를 공유할 수 있다.

다시 한 번 강조하지만 10대 직업기초능력은 단순히 지식이나 암기해야 할 개념이 아니라, 실제로 활용할 수 있고 적용해야만 하는 능력이다. 취준생 여러분들은 열 가지나 된다고 해서 지레 겁먹지 말고 능력을 키우는 방법을 참조하여 꾸준하게 경험을 쌓아 가며 준비하도록 하자.

면접관의 말! 기업은 정말 블라인드 면접을 진행할까?

면접을 한 번이라도 경험한 취준생들은 다음과 같은 의문점이 들었을 것이다. '내 앞의 심사위원들은 진짜 아무런 감정과 생각을 배재하고 오로지 나의 능력만을 검증할까?'

그렇다. 현장에서 상담을 해 보니 많은 지원자들이 블라인드 면접에 대해서 상당히 궁금해하고 있었다. 기업들이 진짜 블라인드 면접을 시행하느냐고 묻는 지원자도 많았다. 나는 취업, 입시 전문 컨설턴트라는 직업 특성상 지금껏 수많은 면접관을 만나고 교류해 오고 있다. 이에 이 책을 읽는 취준생들을 위해 '기업들이 블라인드 면접을 정말로 진행하는가?'에 대해 모 면접관에게 물어보았다. 아래는 면접관의 진솔한 설명을 정리해 기록한 것이다.

"많은 기업들이 블라인드 채용을 도입하고 있지만, 완벽한 블라인드 면접을 실현하기는 사실 쉽지 않습니다. 그 이유로는 다음과 같은 것들이 있어요. 먼저, 면접관도 인간이다 보니 자연스레 무의식적으로 나의 그간의 생각, 편견이라면 편견이 들어갈 수밖에 없습니다.

면접관들이 지원자들의 학력, 출신, 경력 등 개인적인 정보를 의식적으로 배제하려고 해도, 무의식적으로 특정 배경을 가진 지원자에게 호감을 느끼거나 편견을 가질 수 있습니다. 비대면 면접도 아니고 말이지요. 그렇다 보니 간접적인 정보에 노출될 수밖에 없지요. 지원자의 말투나 외모 등을 통해 지원자의 배경을 간접적으로 유추할 수 있습니다.

그리고 사실 평가 기준이 모호합니다. 직무 수행 능력만을 평가한다는 것이 쉽지 않습니다. 경험, 태도, 가치관 등 다양한 요소가 복합적으로 작용하기 때문입니다. 또 우리나라 기업들의 조직 문화의 영향도 있습니다. 기존의 채용 방식에 익숙한 조직 문화 속에서 블라인드 채용을 완벽하게 정착시키기는 어려울 수 있습니다.

그렇다면 기업들은 왜 블라인드 채용을 도입해 시행하고 있을까요? 그럼에도 불구하고 공정성을 좀 더 확보하고자 함입니다. 학력, 출신 등 개인적인 배경으로 인한 차별을 없애고, 오로지 능력으로 평가하여 공정한 채용을 실현하고자 기업 스스로 노력을 하는 것이지요. 또 기업 이미지를 개선하는 측면도 있어요. 블라인드 채용 방식을 통해 해당 기업들은 사회적 책임을 다하고, 공정한 기업으로 인식되고자 합니다.

이런 점에서 블라인드 채용이 완벽하지 않더라도, 그 의미는 여전히 중요합니다. 블라인드 채용은 기업들이 채용 과정에서 편견을 줄이고, 더 공정한 사회를 만들기 위해 노력해야 한다는 것을 보여주는 중요한 시도라 하겠습니다.

결론적으로, 블라인드 채용은 아직 완벽하지 않지만, 공정한 채용 문화를 정착시키기 위한 중요한 시도입니다. 이런 점에서 지원자들은 블라인드 채용이 진짜냐 가짜냐를 생각할 것이 아니라 블라인드를 시행하는 명확한 이유를 이해하고, 철저한 준비를 통해 자신의 역량을 충분히 발휘하는 데 집중하시기 바랍니다."

공공기관과 공기업 실전 자소서

이 챕터에서는 실제 합격한 지원자들의 자소서를 통해 성공하는 자소서 작성법을 익혀 보고자 한다. 대표적인 공공기관과 공기업의 실제 자소서 문항을 그대로 발췌하였으므로 취준생들에게 실질적인 도움을 줄 수 있으리라 확신한다.

일반적으로 자소서는 문항별로 글자 수가 정해져 있고, 기준을 맞추지 않으면 입력 자체가 되지 않으므로 정해진 글자 수 안에서 최적의 필수, 핵심 문장들로 구성해 내는 연습이 필요하다. 따라서 글자 수는 항상 염두에 두어야 한다.

이런 점에서 취준생 여러분들이 글자 수도 정확히 맞춘 아래 예시들을 통해 반복 학습한다면 문항에 적합한 효과적인 자소서 작성이 가능하리라 굳게 믿는다. 여기서 내가 말하는 '반복 학습'이란 이 책에서 제시하는 대표적인 합격 자소서들을 직접 필사하거나 자신의 경험이나 특기, 상황 등을 이와 비교해서 작성해 보는 것을 말한다.

공부에는 별다른 왕도王道가 없듯 자소서 학습도 마찬가지다. 이미 합격한 좋은 자소서를 많이 읽고, 쓰고, 나와 비교해서 생각해 보는 등 시간을 들여 학습하는 수밖에 없다.

지금부터 제시하는 모든 자소서는 가장 최신(2024년도)의 자료들로 구성하였으며, 실제 합격자의 세부 인적 사항을 기재하여 취준생 여러분들이 자신의 스펙과 비교 분석해 볼 수 있도록 하였다. 그럼 이제부터 아래의 실제 합격 자소서들을 꾸준히 익혀 보자.

한국자산관리공사

〈지원 기업 및 인적 사항〉

1. 지원 기업: 한국자산관리공사 / 금융일반 / 2024 상반기

2. 출신학교: 한국외국어대 국어교육 / 학점 3.43 / 사회생활 경험: (주)태안모터스 개포서비스 사원[경리] / 주요 활동: 1. 매출, 미수, 선수금 관리. 2. 급여 및 특수 비품 외 일반 비품 등 지점 직간접 경비 관리 / 자격증: 한국사검정시험 고급, 재경관리사, 전산세무 2급, TAT 1급

1. 캠코의 인재상과 부합하는 본인의 장점은 무엇이며, 캠코에 지원하게 된 동기와 입사하기 위한 노력은 무엇인지 다음 세부 항목에 따라 기술해 주시기 바랍니다.

1-1) 본인과 가장 부합된다고 생각하는 캠코의 인재상과 본인의 가장 큰 장점(경쟁력)은 무엇이며, 그렇게 생각하는 이유를 구체적인 사례를 들어 기술해 주시기 바랍니다.(500자 이내)

저와 부합하는 캠코의 인재상과 동시에 제가 지닌 가장 큰 장점은 우수한 전문성입니다. 구체적으로 저는 소비자와 기업의 입장을 비교 대조 및 회계의 시각으로 바라본 결과 사업의 성공 가능성, 재무제표 내 행간의 의미, 담보부사채 발행 요건 부합 여부 확인 필요한 담보권 실행 여부에 대한 장애물 등 캠코의 일원으로서 알아야 하는 정보 및 지식을 빠르게 습득하고 판단할 수 있습니다. 세무사 시험 준비 및 1차 합격이라는 결과를 통해 회계 지식을 배웠으며, 친지 분들의 부동산 현장 실사에 적극 참여하면서 담보권 등 부동산 관련 법령 및 권리에 대해 배웠기 때문입니다. 한 실사에서는 건물이 사업 그 자체인 경우로서 편의점 영업까지가 매물이었습니다. 이에 따라 위치가 좋은지, 유동 인구는 몇 명인지, 이에 따라 보이는 매출과 보이지 않는 카드 수수료 같은 변동비용부터 직원 월급 같은 고정비용까지 친지께서 파악하는 데 도움을 주었습니다. 이런 경험으로 전문성을 키웠습니다.

1-2) 캠코에 지원하게 된 동기와 캠코에 입사하기 위하여 어떠한 노력을 하였는지 기술해 주시기 바랍니다.(500자 이내)

캠코의 주요 사업 특히 담보부사채 지원 프로그램 등으로 하나의 기업과 기업 생태계를 모두 바라볼 수 있다는 점에 끌렸습니다. 세무사 준비 과정 중 수업을 수강할 때 저에게 캠코는 단순히 비상장주식회사 주식 관련 세금 및 공매 절차를 다루는 기업이었습니다. 그러나 캠코는 그뿐만 아니라 기업 정상화를 위한 기업의 평가 및 이를 위한 기초 자료를 국민에게 제공하여 정보의 비대칭을 극복하는 중요한 역할을 맡고 있습니다. 담보부사채 발행 지원 제도 시행 결과 (주)이랜드리테일은 2023년 담보부사채 발행을 통해 유동성을 확보하였고 투자자의 신뢰를 얻어 다시 IPO에 도전할 수 있는 발판을 마련했습니다. 기업과 사회의 동반 성장을 주도하기 위해 투명하게 정보를 공개하고 자금을 지원하는 캠코 주요 사업과 세부 업무를 알게 되면서 그 사업에 함께하고 싶다는 열망을 키웠습니다. 캠코에 입사하기 위해 저는 들은 정보로 끝내지 않고 주요 사업 및 제도에 대한 성공 사례를 인지하였습니다.

2. 캠코에 입사 후 희망하는 직무는 무엇이며, 해당 직무의 수행 계획 및 직무를 수행하기 위해 본인이 보완해야 할 점을 다음 세부 항목에 따라 기술해 주시기 바랍니다.

2-1) 캠코에 입사 후 희망하는 직무와 해당 직무를 희망하는 이유는 무엇

이며, 해당 직무를 수행하기 위한 구체적인 계획을 기술해 주시기 바랍니다.(500자 이내)

캠코 입사 후 희망하는 직무는 재무/회계를 다루는 업무 중 담보부사채 발행 지원 업무입니다. 그 이유는 부동산에 묶여 버린 유동성을 확보하여 기업 성장, 국가 경제 성장에 이바지하고 싶기 때문입니다. 땅이 제한적인 대한민국에서 토지와 건물의 가치는 절대적이어서 개인과 기업 가리지 않고 보유하고 있습니다. 매각할 시에는 비영업 토지의 매각에 대해 중과된 양도소득세 또는 법인세를 납부하기 때문에 담보로 유동성을 확보하고자 하는 수요가 있습니다. 이 직무를 수행하기 위해서 저는 우선 기업의 재무제표를 통해 수치를 분석하고 사업 보고서를 통해 정성을 평가하는 눈을 키우겠습니다. 올라가는 매출에만 눈멀어 소비자와의 미래를 저버린 기업과 충성 소비자는 있지만 비용이 너무 높은 사업을 '좀비기업'화 하지 않기 위해서는 두 관점을 모두 바라볼 줄 알아야 하기 때문입니다. 넓은 관점으로 기업을 바라보는 연습으로 유효한 담보부사채 발행에 기여하여, 캠코와 함께 건전한 기업의 재도약에 이바지하겠습니다.

2-2) 희망하는 직무에 필요한 역량 중 본인이 가장 부족하다고 생각하는 역량과 그렇게 생각하는 이유를 구체적인 사례를 들어 기술하고, 이를 보완하기 위한 계획을 기술해 주시기 바랍니다.(500자 이내)

희망 직무에 필요한 역량 중 부족한 역량은 현장 방문 경험입니다. 그 이유는 책상 앞에서 지식을 공부하면서 현장 실사에 시간을 투자하지 못했기 때문입니다. 저는 치킨집 사업이 성공할지 아닐지에 대한 예측이 실패했을 때 역량이 부족함을 느꼈습니다. 자택 근처에 치킨집이 개점했지만 제 예상과 다르게 그 가게는 2년차에 닫았습니다. 부동산 전문가 친지분과 해당 상권을 도보로 분석한 결과 수요가 충분치 않음을 깨달았습니다. 일정한 반경에 일정한 인원이면 충분하다는 저만의 생각과 달리, 해당 치킨집 메뉴에 대한 수요는 저조함을 몰랐습니다. 그 주변 인기 많은 가게는 포장 순살 치킨이 아닌 고급 레스토랑, 디저트 카페였습니다. 군 복무 중 상당한 시간을 전국을 운전하며 돌아다닌 경험을 기반으로 현장 실사에 더욱 매진하여 사업 가능성, 담보 유효성을 적극 파악하겠습니다. 출장을 두려워하지 않고 오랜 시간을 들여 정성적 면모를 정확히 파악하여 담보부사채 발행 업무에 임하겠습니다.

3. 지원 분야(직무)와 관련된 경험 또는 경력 중 어려운 상황 속에서도 본인의 역할을 책임감 있게 이행하여 성과를 낸 사항(또는 결과적으로는 실패했으나 본인이 배운 점)에 대해 역할 – 행동 – 성과(배운 점)를 중심으로 구체적으로 기술해 주시기 바랍니다.(600자 이내)

저는 세무사가 되기 위해 2차 시험을 비대면 그룹 스터디로 준비했습니다. 저는 기본적인 원칙을 잘 외우지 못하고, 다른 분들은 판례 흐름을 파악하는 데 어려움을 겪었습니다. 그래서 상대의 강점을 칭찬하여 도움을 받고, 이 도움에 보답하기 위해 제가 할 수 있는 부분이 무엇인지 여쭤었습니다. 그 결과 기본적인 원칙을 외우는 방법을 상대방으로부터 배우게 되었고, 그 보답으로 상대에게 판례 흐름을 파악하는 방법을 가르쳐 주었습니다. 서로의 강점을 활용할 수 있는 환경을 마련하고 소통하는 것이 성과를 내는 데 도움이 된다는 사실을 경험했습니다. 또 경영의 언어인 회계를 이해하고 표현하기 위해 노력했습니다. 학교 교양으로 개설된 회계 과목을 수강하며 일반인의 시점으로 회계를 보았습니다. 아울러 부족한 실무 감각은 태안모터스 아우디 개포서비스센터에서 캐셔 직책으로 근무하면서 채우고 있습니다. 대표적으로 채권 회수를 했음에도 회수하지 않아서 미수로 남은 기간이 6개월 이상이었던 건들은 전부 2개월 미만으로 줄여서 실제와 장부 간 괴리를 획기적으로 줄였습니다. 서로의 강점을 활용함 및 현재 상황에 대한 정보를 효과적으로 제시하는 경험을 캠코 직원으로 보이겠습니다.

한국철도공사

〈지원 기업 및 인적 사항〉

1. 지원 기업: 한국철도공사 / 사무영업 / 2024 상반기
2. 출신학교: 지방 국립대 신소재학과 / 학점 3.27 / 토익 870 / 사회생활 경험: 인턴 / 자격증: 한국사검정시험 고급, 컴퓨터활용능력 1급, 투자자산운용사, 회계관리 1급, 실용글쓰기 준 2급

1. 과거 경험 중 팀 내 갈등 상황을 어떻게 처리했는지에 대한 사례를 설명하고, 이를 해결하기 위해 어떤 노력을 기울였는지, 결과는 어떠했는지 기술해 주십시오.

〔공감을 끌어내는 나부터 실천법〕

환경보호 대외 활동을 하며 발생한 갈등을 상대의 입장에서 생각한 솔선수범으로 팀원들을 설득해 성공적으로 홍보 활동을 끝마친 경험이 있습니다. 대외 활동 프로그램 중 하나로 부스를 운영하며 환경보호에 대해 알리는 활동을 했습니다. 그래서 2주간 팀원들과 함께 홍보 방향과 장소를 정하고 포스터도 만들며 준비했습니다. 하지만 부스를 세우기로 한 장소에 실제로 가 보니 예상보다 유동 인구가 너무 적어 홍보를 제대로 할 수 없는 환경이었습니다. 혹시나 이른 시간 때문인가 싶어 조금 더 기다려 보았지만, 상황은 달라지지 않았고 팀원들의 의욕은 점점 떨어졌습니다. 저는 열심히 준비한 프로젝트인데 이대로 끝을 내긴 아쉽다는 생각이 들었습니다. 그래서 팀원들에게 직접 주변을 돌아다니며 홍보를 해 보자고 제안했지만 이 방식에 어색해하는 팀원들도 많았고 직접 홍보를 나서기보다는 부스를 찾아와 주는 사람들만을 대상으로 하자는 의견도 나왔습니다. 이러한 팀원들의 대립된 의견은 좀처럼 하나로 모이지 않은 채로 시간만 흘렀고, 저는 이 문제를 해결하고자 우선 저와 의견이 맞는 팀원 몇 명만 홍보하며 돌아다녀 보기로 했습니다. 왜냐하면 발로 뛰는 방식의 효과를 직접 보여 준다면 다른 팀원들도 홍보 방식에 어색해하기보다는 저와 다른 팀원들의 모습을 보고 용기를 얻어 함께 참여해 줄 거라 생각했기 때문입니다. 결과는 기존보다 더 많은 시민의 반응을 볼 수 있어 성공적이었고, 부스에 대해 인지하지 못하고 있던 주변 시민들의 참여도 이끌 수 있었습니다. 그리고 다른 팀원들도 자신감을 얻어 함께 활동에 참여해 주어 더 큰 홍보 효과도 얻을 수 있었습니다. 이 경험을 통해 다른 사람을 설득하기 위해선 상대방의 입장에서 생각해 우선 나부터 행동으로 보여 줘야 한다는 것을 배웠습니다. 한국철도공사에 입사 후에도 팀 내 갈등 발생 시 무조건 내 의견만 고수하기보다는 상대방의 입장에서 어떤 어려움이 있는지 먼저 생각해 문제를 원활히 해결할 수 있는 직원이 되겠습니다.

2. 일이나 대외 활동 등에서 고객의 의견과 요구 사항을 수집하고 분석하여 이를 기반으로 한 목표와 계획을 수립한 경험에 대해 기술해 주십시오.

〔국민의 사업 이해도를 높이고자 문서 작성 능력과 역지사지의 마음을 활용하다〕

○○ 공단에서 인턴으로 근무하며 민원인들의 불만 사항을 수집하고 분석하여 업무 효율화라는 목표를 세워 달성한 경험이 있습니다. 당시 제가 맡았던 사업은 정규직, 비정규직, 특수 형태 근로자 등 현재 고용 형태에 따라 제출해야 하는 서류가 달랐고, 월 평균 급여와 재직 기간에 따라 확인해야 할 사항이 상이해 사업에 대해 잘 모르시는 분들은 한 번에 이해하기가 어려웠습니다. 그래서 처음 일을 배울 당시 저도 사업 내용을 이해

하는 데 조금 어려움이 있었습니다. 따라서 분명 방문 민원인 분들이나 전화로 상담을 받으시는 분들도 이해에 어려움이 있을 거라 생각했습니다. 그래서 이를 해결하기 위해 문서 작성 능력을 활용해서 한 번에 이해하기 어려운 대부 사업의 직종별 제출 서류와 확인 사항 등을 한 페이지에 정리한 안내서를 만들어야겠다고 생각했습니다. 왜냐하면 이 안내서를 활용한다면 한눈에 보이는 표로 방문 민원인의 사업 이해도를 높이고 전화 상담을 할 시에도 정확도와 응대 속도를 높일 수 있을 거라 생각했기 때문입니다. 그래서 민원인이 많지 않은 시간을 활용해 대부 종류별, 근로자별 제출 서류와 확인해야 할 사항 등을 정리해 표로 만들었고, 이를 이용해 공단을 방문해 주신 분께 말로만 하던 설명을 표를 함께 보며 설명해 드려 이해력을 높였습니다. 또한 민원인 스스로도 어떤 종류가 자신에게 적합한지 확인할 수 있게 되었고, 문의 전화가 왔을 때 해당 사업에 관해 찾아보던 시간을 줄여 응대 속도를 높이는 효과도 가져올 수 있었습니다. 한국철도공사에 입사해서도 고객 만족을 위해 지속해서 학습하고 노력하는 고객 지향 전문인으로서 업무 프로세스에 대한 지식과 이해를 높여 철도를 이용하는 고객님께 빠르고 올바른 정보를 제공하는 직원이 되겠습니다.

3. 한국철도공사에서 글로벌 경쟁력을 높이기 위해 실시하고 있는 사업에 대해 이야기하고, 자신이 수행할 수 있는 역할과 업무가 있다면 이에 어떻게 기여할 수 있는지 기술해 주십시오.

〔전 세계로 뻗어 나가기 위한 걸음을 함께〕

한국철도공사에 입사해 해외 사업 개발과 운영 부분을 담당하는 직원이 되어 문서 작성 능력과 해외 산업 동향 파악으로 글로벌 경쟁력을 높이는 데 도움이 되겠습니다. 지난해 한국철도공사는 해외 사업에서 연간 200억 원 규모의 매출을 달성했습니다. 바로 전년도인 2022년의 성과가 112억인 것과 비교하면 2배 가까이 늘어났을 정도로 놀라운 성장세를 기록하고 있습니다. 해외 사업 부문이 이렇게 놀라운 속도로 증가하고 있기 때문에 중요성이 한층 늘어났을 거라 생각합니다. 현재 한국철도공사는 필리핀 메트로 7호선 설계 자문 사업과 시공 자문 및 차량 제작 감독 사업, 미얀마 객차 100량 구매 컨설팅 사업 등을 수행하고 있으며, 최근에는 이집트 철도 시스템 현대화 자문 사업을 수주하며 철도 운영 기술을 국제적으로 인정받기도 했습니다. K-철도 운영 기술과 노하우를 바탕으로 세계 철도 헤게모니 경쟁에서 입지를 넓혀 가고 있는 이러한 한국철도공사에 입사해 해외 사업 개발, 운영, 제안서 작성 업무를 수행하기 위해 두 가지를 실천하겠습니다. 첫째, 해외 산업 동향 파악과 사업을 한 가지 특성에만 치우치지 않는 다각적인 시각으로 바라보며 한국 철도의 기술력과 안전성이 필요한 국가를 선정해 효과적인 해외 철도 프로젝트 수주 확대에 기여하겠습니다. 둘째, 문서 작성 능력을 활용해 해외 사업의 제안서 작성과 유관 기관과 협력의 신뢰도를 높여 해외 신규 사업 발굴을 위해 기여하겠습니다. 그동안의 기술력과 노하우를 바탕으로 이제는 아시아를 넘어 전 세계적으로 뻗어 나가는 세계적 모빌리티 기업이 될 한국철도공사와 함께 미래의 발전을 끊임없이 추구하는 미래지향 혁신인이 되어 성장해 나가겠습니다.

4. 지원 분야나 본인의 관심사에서의 성취나 경험 중 특별히 뿌듯하게 생각하는 사례를 이야기하고 이러한 성취가 한국철도공사 입사 후 어떤 역할을 할 수 있는지 기술해 주십시오.

〔편법보단 신념을 지켜 신뢰를 얻다〕

가전제품 홍보 아르바이트를 하며 정직과 책임감으로 고객의 니즈를 파악해 만족감을 얻은 경험이 있습니다. 제가 맡은 역할은 새로 나온 가전제품을 홍보하고 설명하는 것이었습니다. 2주간의 단기 아르바이트였고 행사 매장과 본 매장은 다른 층에 있었기 때문에 직원들과 마주칠 일이 없어 마음만 먹으면 열심히 일하기보단 쉬어 가며 일을 할 수 있는 환경이었습니다. 하지만 맡은 일은 책임을 다하자라는 신념도 지키고 싶었고 짧은 기간이라도 고객의 눈에는 제가 그 매장을 대표하는 사람이고 전달해 드린 정보를 의심 없이 받아들일 거로 생각했습니다. 그래서 일을 시작하기 전 고객님께 올바른 정보를 제공해 드리기 위해 사전에 받은 제품별 정보를 정확히 숙지했고, 홍보 매장을 찾아 주시는 고객들이 가장 궁금해할 것 같은 경쟁 제품과의 차이점도 더욱 자세하게 공부했습니다. 고객 만족도를 실천하고 책임감이라는 직업윤리도 지키기 위해 열심히 노력한 결과 고객님이 질문하셨을 때도 막힘없이 답변을 해 드릴 수 있었고 판매로까지 이어질 수 있었습니다. 그리고 매장에서도 이 점을 좋게 평가해 주셔서 다음 행사까지 함께해 줄 수 있냐는 제안을 받기도 했습니다. 이러한 결과는 편법을 사용하기보단 책임감으로 고객에게 공감하고 소통하여 신뢰를 얻은 결과라고 생각합니다. 한국철도공사에 입사 후에도 편법을 사용하기보단 정직함을 잃지 않는 직원이 되어 국민과 팀원 모두에게 신뢰감을 드리는 직원이 되겠습니다.

국민연금공단

〈지원 기업 및 인적 사항〉

1. 지원 기업: 국민연금공단 / 체험형 청년인턴(일반) / 2024 상반기
2. 출신 학교: 지방 사립대 사회복지학부 / 학점 4.14 / 토익 950 / 활동: 청년, 중장년층 대상 공모 사업 프로그램 2회 진행, 소아암 환자 대상 놀이 프로그램 진행, NGO 단체 대외 활동(성폭력 예방 교육 강사, 인형극 진행, NGO 트레블러, 주거 빈곤 아동 현황 알리기 캠페인 진행, 정기 봉사), 학교 내 봉사 동아리 임원, 특수학교 단기 교사 봉사 / 자격: 한국사검정시험 고급, 컴퓨터활용능력 1급, 사회복지사 1급

1. 가장 열정적으로 임했던 경험을 기술하고, 그 경험을 통해 청년인턴으로 근무하면서 어떤 기여를 할 수 있을지 구체적으로 기술하여 주시기 바랍니

다.(500자 이내)

〔누구나 누릴 수 있는 직업 탐방 콘텐츠〕

지역구 공모 사업을 통해 '취업 희망 기관 탐색 프로그램'을 성공적으로 기획한 경험이 있습니다. 제 역할은 취업 준비생들과 기관이 연계할 수 있도록 기관에 프로그램 참가를 제안하는 것이었습니다. 기획 초기, 학생들에게 취업 희망 기관 정보의 접근이 어렵다는 것을 알게 되었습니다. 이에 저는 보다 많은 취업 준비생이 도움을 받을 수 있도록 해당 프로그램을 설계했습니다. 이후 다섯 곳의 탐방 기관을 선정하고 섭외를 진행했습니다. 그리고 허가를 받은 기관에 방문하여 직원 인터뷰를 촬영했습니다. 편집된 영상은 복지관의 SNS에 올려 누구나 시청할 수 있게 만들었고, 이를 통해 각 콘텐츠 평균 100회 이상의 조회수를 기록하며, 소기의 성과를 얻었습니다. 이처럼 내외부 기관과의 적극적인 소통과 기획력이 저의 강점입니다. 입사 후 고객 지향적인 태도로 민원인과의 소통하고, 상대방 관점의 기획력을 활용하여 원활한 업무 수행에 기여하겠습니다.

2. 국민연금제도는 국민의 노후 소득 보장을 위한 사회보장제도입니다. 국민연금제도 특성을 고려하여 제도를 시행하는 목적 등 국민연금제도에 대한 자신의 생각을 구체적으로 기술하여 주시기 바랍니다.(500자 이내)

〔기본 생활권을 지켜 주는 유일무이한 제도〕

국민연금제도는 국민의 안정적 노후 생활 대비를 통해, 향후 발생할 수 있는 사회 문제를 예방하는 것에 그 목적이 있다고 생각합니다. 최근 전 세계적으로 인플레이션 상승이 일어나며, 국민 기본 생활권의 보장이 중요한 화두로 떠올랐습니다. 이에 국민연금공단은 물가 변동률을 반영하여, 2024년부터 3.6퍼센트가 인상된 금액을 수령할 수 있도록 지급률 개선을 진행했습니다. 하지만 이러한 국민연금공단의 노력에도 불구하고, 무분별한 제도 비판 및 기금 고갈 전망으로 인해 후세대의 국민연금 수령액에 대한 불안이 커지고 있습니다. 이에 저는 젊은 세대들이 국민연금제도에 대한 직간접적으로 그 당위성을 느낄 수 있도록 정기적인 청년 간담회 및 교육 활동을 활성화할 필요하다고 보았습니다. 그리고 이를 통해 기금 운용 수익률을 높이기 위한 노력과 분할연금, 노령연금 등의 제도적 혜택을 알리며, 국민연금제도에 대한 긍정적 인식 개선을 이끌어야 한다고 생각합니다.

도로교통공단

〈지원 기업 및 인적 사항〉

1. 지원 기업: 도로교통공단 / 인천지부 / 2024 상반기

2. 출신 학교: 국립대 메카트로닉스공학과 / 학점 3.5 / 오픽 IH / 사회생활 경험: (주)에스에프에이 PM 직무 1년 근무 경험 / 활동: 교내 창의설계 공모전

프로젝트 금상 / 자격증: 컴퓨터활용능력 1급, 일반기계기사, 산업안전기사

1. 우리 공단 인턴으로 지원한 동기 및 인턴 기간 동안 이루고자 하는 본인의 목표에 대하여 설명하시오.(500자 이내)

저는 공단 내에서 인턴 업무 수행을 통해 추구하는 사업 분야에 대한 발전에 기여하고 싶습니다. 그중에서도 도로 관련 사고와 관련된 업무에 관심이 있는데, 이는 전반적으로 안전한 도로 환경을 조성하는 것은 국민의 생명과 직결된 문제라 생각하여 큰 중요성을 가지고 있다고 생각합니다. 인턴 기간 도로 내 다양하게 발생하는 사고에 대해 원인, 사고 빈도, 사고 정도에 대해 분석하고, 이를 기반으로 위험 지역에 대한 개선 방안을 도출해 공단에서 추구하는 도로 인프라 구축에 기여하고자 합니다. 그러므로 주어진 기간 동안 해당 사업 내 직무 수행과 관련된 업무 프로세스를 익히고 실제로 수행하며 업무 성과와 성취감을 도출할 수 있는 담당자가 되고 싶습니다.

2. 공단 사업 중 관심 분야는 무엇이고, 해당 분야 근무 시 다른 사람과 차별화된 본인의 역량은? (500자 이내)

저는 공단의 업무 수행을 통해 최종적으로 모든 국민이 안심하고 이용할 수 있는 교통 안전 인프라를 구축하고자 하는 목적을 가지고 있다고 생각합니다. 위 사항에 있어 가장 중요하다고 판단되는 것은 교통사고 조사 및 분석 사업을 통한 현황 분석 및 개선 방안 수립이라고 생각하며, 해당

업무는 유관 부서와의 긴밀한 협력이 필요한 직무라고 판단했습니다. 제가 가진 적극적인 소통을 통해 문제 내용을 공유하고, 이를 기반으로 문제 원인 분석 및 해결을 실현하고자 하는 태도를 가지고 사업에 임하고자 합니다. 위 자세는 문제 해결에 있어 본인의 직무 수행에도 도움이 될 뿐만 아니라, 유관 인원 또한 문제 파악 및 대책 도출 과정에 기여할 수 있게 만들 수 있다고 생각하기 때문입니다.

3. 자신이 수행하는 업무에 대하여 팀원들의 의견이 다를 때 해결 방법을 설명하시오.(500자 이내)

저는 팀원과 의견이 다를 경우, 우선으로 상대방의 의견을 경청하고자 합니다. 이후 제가 가진 의견과 이에 대한 최선의 근거를 제시하고, 동시에 상대의 의견과 비교해 장단점을 분석한 후 최적 방안에 대해 생각하는 방향이 바람직하다고 생각합니다. 이 과정에서 주어진 의견에 대해 뒷받침하는 근거의 합당성, 해당 방안을 적용 시 이슈에 대한 해결 가능 여부를 고려한다면, 확실한 개선 방향을 도출할 수 있고, 과정에 있어 상대와의 갈등을 최소화할 수 있다고 생각합니다. 또한 취합 의견에 대해 추가로 발생하는 피드백에 대해서도 적극적으로 고려하며 모두의 의견을 최대한 반영할 수 있도록 하며, 이를 기반으로 모두가 만족스러워 할 수 있는 최선의 의견을 형성할 수 있을 것입니다.

한국산업인력공단

〈지원 기업 및 인적 사항〉

1. 지원 기업: 한국산업인력공단 / 인턴 / 2024 상반기

2. 출신 학교: 수도권 전문대 항공서비스과 / 학점 4.01

1. 우리 공단 체험형 인턴에 지원하게 된 동기 및 공단 근무를 통해 성장시켜 나가고 싶은 역량이 무엇인지 서술하여 주십시오.(600자)

사회적 가치를 실현하는 기업에서 일하며, 경험을 통해 스스로를 발전시키고자 지원하였습니다. 취업 준비를 하며 막막해하던 중, 한국 직업 방송 홈페이지를 이용하여 면접 관련 취업 프로그램 영상들로 면접 준비에 도움을 받았던 경험이 있습니다. 국가 경제 발전과 국민 복지 증진에 기여하는 중요한 역할을 수행하는 한국산업인력공단의 가치에 대해 잘 알고 있습니다. 제가 도움을 받았던 것처럼 인턴이지만 저의 역량을 바탕으로 조직에 도움을 주고, 이를 통해 사회에 기여하고 싶습니다. 한국산업인력공단 근무를 통해 전문성을 향상시키고 싶습니다. 저는 항상 새로운 도전을 즐기며, 성장과 발전을 추구합니다. 어느 부서에 배정이 되더라도 부서 업무에 적극적으로 참여하여 경험과 역량을 쌓아 산업에 대한 전문 지식을 습득하려 노력하겠습니다. 마지막으로 저의 책임감과 성실함을 발휘하고 싶습니다. 제가 맡은 업무에 최선을 다하고, 그 결과에 대한 책임을 질 수 있는 인턴으로 성장하고 싶습니다. 제 역량과 열정을 바탕으로 공단

의 목표 달성에 기여하는 인턴이 되겠습니다.

2. 우리 공단의 사업 중 본인이 가장 관심을 가지고 있는 분야는 무엇이며, 그 이유는 무엇인지 서술하여 주십시오.(600자)

저는 능력 평가 사업에 가장 관심을 가지고 있습니다. 필기시험부에 3개월간 근무하며 공인중개사, 기사 시험, 과정평가 진행을 볼 수 있었습니다. 첫 번째로는 특성화고등학교로 과정평가 시험감독을 나갔을 때가 기억에 남습니다. 학교 선생님들이 학생들의 취업을 위해 과정평가 사업을 추진하시고, 학생들은 선생님들의 지원하에 자격증 시험을 보러 온 모습이 한국산업인력공단이 추구하는 인적 자원 개발이라 느껴졌습니다. 두 번째로는 공인중개사 시험을 준비하며 수험자들의 고객 만족을 위해 노력하는 부서분들의 모습을 보았습니다. 시험 준비 작업, 시험 감독 모집, 시험지 포장, 결과 발표 후 민원인 응대까지 수작업으로 많은 일이 이루어지는 것을 눈으로 보고 함께하며 자격시험 부서에 큰 애정이 생기게 되었습니다. 마지막으로 응시 자격 서류를 담당하며 많은 수험자분들을 만날 수 있었습니다. 학생부터 은퇴 후를 준비하시는 분들까지 다양한 연령대 분들과 대화를 나누어 보니 이 시험이 수험자들에게 얼마나 큰 의미가 있는지 알 수 있었습니다. 이처럼 능력 평가 사업은 학생들과 청년에게는 취업의 발판을, 중장년에게는 제2의 인생을 준비하게 하는 중요한 사업입니다.

3. 다양한 의견이 엇갈리는 문제 상황에서 여러 사람과 함께 협업하여 성공

적으로 해결한 경험이 있다면 구체적으로 서술하여 주십시오.(600자)

경기 청년 사다리 프로그램의 위원장 역할을 맡아 갈등 상황에서 의견을 수렴해 팀워크를 이끌어 내고 효과적으로 해결한 경험이 있습니다. 프로그램 진행 중 학생들의 결석률이 높았던 상황에서, 동기들과의 소통을 통해 갈등 상황을 극복했습니다. 전원 수료가 목표였던 만큼 몇몇 학생들의 결석은 수업 분위기를 저하시켰습니다. 저는 결석률을 낮추기 위해 규칙 제정을 제안했습니다. 불만을 품는 사람도 있었지만, 우리의 목표가 무엇인지 다시 한 번 설명해 주었고 여러 의견들 속에서 모두가 동의하는 규칙을 정하게 되었습니다. 그 결과 프로그램 참여 의지가 크게 증가했고, 모두 프로그램을 수료할 수 있었습니다. 이러한 노력에 대한 인정으로 관계자분들이 여러 학교 중 가장 분위기가 좋은 이유를 물어보았을 때, 친구들이 입을 모아 "위원장 덕분이에요"라고 말해 주었고 덕분에 도지사 표창까지 받을 수 있었습니다. 이 경험을 통해 갈등 상황에서도 동기들과의 적극적인 소통을 통해 의견을 수렴해야 한다는 것을 배웠습니다. 또한 공동의 목표를 설정하는 것이 갈등을 해결하고 긍정적인 팀워크를 형성하는 데 효과적임을 깨달았습니다.

4. 공공기관 근무자로서 가장 중시되어야 하는 직업윤리는 무엇이라 생각하는지 서술하여 주십시오.(600자)

고객에게 신뢰받는 공공기관인 한국산업인력공단의 근무로서 무엇보다 정직함과 공공을 우선시하는 봉사 정신이 중요하다고 생각합니다. 저는 ○○동 행정복지센터에서 행정 인턴으로 근무하며 봉사 정신의 중요성을 몸소 느꼈습니다. 폭설주의보가 내렸을 때, 공무원분들을 도와 ○○동의 제설 작업을 온종일 함께하며 공직자가 자신의 업무에 사명을 가지고 공공을 위해 봉사하는 마음가짐을 가져야 한다는 것을 알게 되었습니다. 또한 ○○○공단 필기시험부에서 근무하며 청렴함의 중요함을 알게되었습니다. 국가 자격 시험지를 관리하고 수험자의 개인 정보를 보게 되는 직무이다 보니 정보 유출 위험에 대한 사명감을 가지고 업무에 임하였습니다. 한국산업인력공단은 직업 능력 개발 지원을 통해 사회적 가치에 앞장서는 곳입니다. 기관 특성상 외국인 근로자, 수험자 등 많은 사람을 만나는 곳이기 때문에 강한 직업윤리가 요구됩니다. 저는 정직함의 가치를 알고 공공을 위한 봉사 정신을 가지고 있는 사람입니다. 한국산업인력공단에서도 공공기관 직원이 가져야 하는 직업윤리를 알고 책임감을 가지고 일하는 인턴이 되겠습니다.

이야기를 마치며

시중에는 자기소개서에 대한 서적이 차고 넘칩니다. 이 글을 쓰는 순간에도 자소서 작성법에 대한 새로운 책이 속속 쏟아져 나옵니다. 오랜 시간 취업 현장에서 지원자들을 마주하고 지도하면서 신규 취업 또는 이직에 있어 시간이 흘러도 언제 어디서나 통용되는 한 권의 책을 만들어 보고 싶다는, 아니 만들어야겠다는 생각이 강하게 들었습니다.

사실 생각해 보면 취직하여 회사에 잘 다니고 있어도 이직을 위해서 자소서를 작성하는 일은 누구나 생길 수 있는 일입니다. 따라서 서가에 꽂아두고 취업을 준비할 때면 두고두고 참조할 자기소개서 작성 관련 서적을 만들고 싶었습니다.

자소서는 누구나 쓸 수 있습니다. 말 그대로 자기 자신을 소개하는 글이니까요. 그러나 기업이 원하는 자소서, 이른바 '합격하는 자소서'는 누구나 쓸 수 있는 것이 아닙니다. 지속적인 연습을 하고 준비를 갖춘 사람만이 가능합니다.

자소서라는 것이 본래 그렇습니다. 남들은 모르는 숨겨진 비밀 같은 것은 없습니다. 어떻게 보면 취준생 여러분들도 시중에 있는 자소서 관련 서적을 너무 많이 참고하여 오히려 머릿속이 정리가 잘 안 되고 점점 복잡하게 되는 것인지도 모릅니다. 자소서는 꾸준히 많이 읽고, 많이 써 보는 방법밖에 없습니다. 다른 방법은 없습니다.

그럼에도 앞서 말했듯 합격하는 자소서는 분명 따로 있습니다. 다시 말해 여러분들이 원하는 기업에 합격하려면 자소서를 이 책에서 제시한 대로 작성해야 합니다. 저는 이런 자신감을 가지고 지금껏 취업 현장에서 지원자들과 함께 호흡하며 성공적인 결과를 만들어 가고 있습니다. 그런 점에서 저의 이 책 또한 저와 함께할 모든 취준생들의 필수 준비물이 될 것입니다.

이야기를 마치며

미국의 대문호 F. 스콧 피츠제럴드는 "남과는 다른 이야기를 하고 싶다면, 남과는 다른 말로 이야기하라"라고 했습니다. 그러나 저는 남들과 같은 언어로 다른 이야기를 했습니다. 자소서는 본래 뻔한 이야기이고, 오로지 취업 성공만이 목적이 되어야 하는 글입니다. 그래서 뻔한 말이지만 취준생 여러분들이 합격하는 데 도움이 되는 이야기만을 했습니다.

부디 취준생 여러분들은 이 책을 반복해서, 아니 이 책만 반복해서 읽고 따라 쓰십시오. 그것으로 충분합니다. 99퍼센트는 다 알고 있다고 생각하지만 정작 실천하지 않는 내용들이 여기에 담겨 있습니다. 중구난방으로 이 책 저 책으로 자소서를 준비하지 마십시오. 정리는커녕 복잡하게 될 뿐입니다.

수능시험 준비를 할 당시를 떠올리며 이 책 하나만 참조해 여러분만의 자소서를 작성하십시오. 그것으로 충분합니다. 500자면 500자, 1000자면 1000자, 1500자면 1500자, 이렇게 이 책에서 이야기 해 주는 작성법에 따라서, 또 다른 사람들이 작성한 합격 자소서들도 참조해 가며 이 책으로 연습하고, 이 책대로 여러분만의 문항을 일목요연하게 정리해 대비하십시오.

이 책을 읽은 당신은 반드시 합격합니다. 여러분들의 취업 성공에 기여할 수 있다면, 그보다 더한 기쁨은 없을 것입니다. 고맙습니다.

이야기를 마치며

자기소개서
바이블

ⓒ 고요한·강건욱

초판 1쇄 2025년 3월 25일 찍음
초판 1쇄 2025년 4월 10일 펴냄

지은이 | 고요한·강건욱
펴낸이 | 이태준

인쇄·제본 | 지경사문화

펴낸곳 | 북카라반
출판등록 | 제17-332호 2002년 10월 18일

주소 | (04037) 서울시 마포구 양화로7길 6-16 서교제일빌딩 3층
전화 | 02-486-0385
팩스 | 02-474-1413

ISBN 979-11-6005-153-7 13320
값 18,000원